LES

SES DIRIG

ARISTO

LES CLASSES DIRIGEANTES

OUVRAGES PARUS DU MÊME AUTEUR :

Le Maroc économique, broch. in-16, 92 p. (épuisé).

Réalités tunisiennes et algériennes, liv. in-18, 120 p. (épuisé).

POUR PARAITRE PROCHAINEMENT :

Impressions de séjours et voyages :	1) *Le Maroc réel* (géographie politique, économique et sociale). 2) *Vérités coloniales françaises.*
Science sociale........	*Les classes dirigées.*

Édouard DE NAUROIS

LES
CLASSES DIRIGEANTES

NOBLESSE, ARISTOCRATIE, ÉLITE

PARIS
JOUVE ET Cie ÉDITEURS,
15, RUE RACINE, 15.

1910

AVANT-PROPOS

Lorsque, en 1789, les Constituantes annoncèrent la liberté à tous les Français et les Conventionnels glorifièrent l'égalité totale; ils n'appréhendèrent pas l'asservissement futur de millions d'être humains au machinisme, le retour de la vassalité et de la hiérarchie sociale sous des formes nouvelles. La révolution scientifique de la deuxième partie du dix-neuvième siècle, en élaborant les éléments d'une révolution politique et sociale pour l'avenir, en provoquant, par la concentration même de l'outillage, des capitaux et des hommes une subversion plus essentielle que tous les bouleversements antérieurs, a suscité une contre-révolution immédiate.

Elle a d'abord fondé la suzeraineté du patronat, érigé en dictature la suprématie des grandes fortunes, substitué une aristocratie d'argent plus tenace, plus méthodique et moins frivole, à cette noblesse héréditaire qui plongeait ses racines dans une terre toujours plus stérile.

En un livre concis, impartial et parsemé de citations, l'auteur a prétendu démontrer qu'une aristocratie est indispensable dans la vie courante d'un peuple. Quelle que soit la forme d'un gouvernement, une élite y existera toujours.

« La création peut être comparée à un grand arbre dont pas une feuille ne ressemble exactement, absolument, aux autres feuilles. Il y a hiérarchie et l'égalité est introuvable dans le plan divin. L'inégalité est la loi du monde, or elle est « irréductible » (F. de Curley, *Y a-t-il eu évolution*, p. 334).

« Biologiquement, intellectuellement, moralement, tous les individus sont inégaux et nettement différenciés. En modifiant les conditions hygiéniques mauvaises, en s'efforçant de donner à tous des règles de conduite, sages et utiles, dans le domaine moral, on pourra créer la véritable égalité sociale qui sera la plus belle construction de l'esprit réalisé en dehors et presque au rebours des tendances de la nature » (Dr Toulouse, *Les leçons de la vie*, p. 189).

Le favoritisme, le fonctionnarisme, l'arrivisme, la ploutocratie, etc., et, pour couronner l'ensemble, le Dieu-État, sont les malheurs des temps présents.

Ne pourrait-on améliorer les heureux du jour en créant pour eux un témoignage suprême d'estime et de gratitude de leurs concitoyens? C'est la croyance de l'auteur; aussi passe-t-il successivement en revue : 1° *L'histoire sociale de la noblesse française;* 2° *l'aristocratie à travers le monde et les siècles;* 3° *l'élite devant la science et la politique*, avant d'examiner la formation possible d'une élite reconnue par l'État.

En effet, le problème des classes dirigeantes est plus que jamais de l'actualité. Son histoire passée et présente, avec les conséquences qu'elle comporte, est assez mal connue; aussi l'auteur se flatte-t-il d'avoir, par ses développements comme par sa documentation, montré cette question sous un jour nouveau.

Toulouse, le 10 avril 1910.

PREMIÈRE PARTIE.

HISTOIRE SOCIALE DE LA NOBLESSE FRANÇAISE.

CHAPITRE PREMIER.

DE SON ORIGINE A LA RÉVOLUTION.

Proverbes. — Noblesse oblige (vieux proverbe populaire).

La plupart des nobles rappellent leurs ancêtres à peu près comme un cicerone d'Italie rappelle Cicéron.

(J.-J. ROUSSEAU.)

Qu'est-ce que la noblesse, si l'on peut s'avilir sans la perdre.

(J.-J. ROUSSEAU.)

Si la noblesse est vertu, elle se perd par tout ce qui n'est pas vertueux et si elle n'est pas vertu, c'est peu de chose.

(LA BRUYÈRE, *Caractères*.)

Un grand nom est un poids difficile à porter. — Les grands noms abaissent au lieu d'élever ceux qui ne savent pas les soutenir. (La Rochefoucault, *Maximes*.)

Que de faquins masqués d'une fausse noblesse
Ne se souviennent plus quelle fut leur bassesse!
Mais en vain ces veaux d'or marchent en orgueilleux,
Ils sont ce qu'ils étaient, lorsqu'ils étaient des gueux.

(L. Petit, *Satires*.)

Aimez votre origine et restez-lui fidèle
Enfant de la roture et baptisé par elle!
Songez si votre nom a pour vous peu d'appas
Qu'un « de » souvent l'allonge et ne l'anoblit pas.

(E. Arago, *Les Aristocrates*.)

La noblesse n'est autre chose que vertu.

(Michel de Montaigne.)

L'aristocratie est, dans les monarchies, le boulevard des intérêts populaires. (Charles Nodier.)

Noble, pâle beauté, douce aristocratie,
Fille de la richesse... ô toi, toi qu'on oublie,
Que notre pauvre France aimait dans ses vieux jours,
Toi que jadis, du haut de son paratonnerre,
Le roturier Franklin[1] foudroya sur la terre;

1. Franklin accepta des armoiries de Louis XVI.

Toi qui, dans ton printemps, de roses couronnée,
Et comme Iphigénie, à l'autel entraînée
Jeune, tombas frappée au cœur d'un coup mortel,
As-tu quitté la terre et regagné le ciel ?...
— Nous te retrouverons, perle de Cléopâtre,
Dans la source féconde, à la teinte rougeâtre,
Qui dans ses flots profonds un jour te consuma...

(Extrait des *Secrètes pensées de Raphaël*,
Alfred DE MUSSET.)

Etre auteur de son nom est un honneur suprême,
Le vrai noble est celui qui s'illustre soi-même.

(FRÉVILLE.)

Il n'y a dans le travail ni nobles ni vilains.

(COLINS.)

La noblesse donnée aux pères parce qu'ils étaient vertueux a été laissée aux enfants pour qu'ils le deviennent.

(TRUBLET.)

La noblesse n'est plus qu'un souvenir en France... mais un souvenir apporté par la voix de dix siècles et que le burin de l'histoire a gravé si profondément dans la mémoire des générations qu'aucune main, désormais, ne saurait l'en effacer. (Bon. de SAINT-DENIS.)

Des Gaulois au Moyen-âge.

La noblesse personnelle a fondé la noblesse de naissance et la noblesse héréditaire ; ce furent la force, le courage, l'héroïsme qui permirent à certains guerriers, compagnons fidèles des chefs francs, d'obtenir diverses distinctions, différents privilèges qui en firent bientôt une classe à part. Le traité d'Andelot en 587 (bourg sur le Rougnon, à 19 kilomètres de Chaumont, Haute-Marne), entre Childebert II et Gontran, assura aux leudes la possession des fiefs dont ils étaient munis ; le régime féodal et la noblesse héréditaire étaient donc institués.

Elle existait, en réalité, bien avant, comme nous l'apprend Tacite dans son treizième chapitre des « Mœurs des Germains » — *Insignis nobilitas ant magna patrum merita, principis dignationem etiam adolescentulis adsignant* — dont voici la traduction : « Une très haute naissance, ou des services signalés des pères, donnent la dignité de chefs à des enfants même, pour ainsi dire. »

Ce fait se retrouve chez tous peuples naissants, et actuellement, chez les « Berbères du Maroc » la dignité de cheik, ou délégué auprès de la « djemaa », assemblée des notables, est ordinairement héréditaire.

L'Eglise gallicane et la noblesse gauloise étaient dans les Gaules plus anciennes que la monarchie française. Les Francs, de leur côté, furent conduits en Gaule par des chefs qui étaient nobles seigneurs et ducs parmi les conquérants. La noblesse gauloise s'associa bientôt à cette noblesse conquérante de France et ne fit dans la suite qu'un seul et même corps avec elle : la première subsistant par ses richesses héréditaires et la seconde par les biens échus au partage du butin, par des terres conquises ou par des bénéfices qui étaient les biens-fonds concédés à vie par le roi ou par la nation assemblée.

Le traité philosophique de Plutarque sur la noblesse (deuxième siècle de notre ère) réfute ceux qui ne voulaient point admettre l'illustration de la race ; il se déclarait partisan de la noblesse pourvu que celui qui représente une longue suite d'aïeux soutienne dignement leur nom par son courage, ses talents et ses mérites personnels.

De la féodalité.

Le fief constitue la féodalité. (CHATEAUBRIANT.)

En économie, la démocratie est communiste et féodaliste. (PROUDHON.)

La féodalité désigne ordinairement l'ensemble des institutions publiques et privées qui ont régi la France et les autres nations de l'Europe pendant le Moyen-âge (du huitième au seizième siècle) et dont la plus caractéristique était l'inféodation ou contrat de fief. Mais le mot féodalité doit s'étendre à tout régime politique où se retrouvent ces mêmes caractères essentiels. Cette forme de société et de gouvernement s'est produite en Chine, dans l'Égypte ancienne, dans l'empire turc, au Mexique... elle subsiste encore en Abyssinie, au Maroc, en Kurkestan. Le régime féodal est donc, comme la monarchie absolue ou comme la démocratie républicaine, un de ces types généraux d'après lesquels les sociétés humaines tendent à se constituer spontanément dans des milieux et sous des conditions déterminées.

On nommait feudiste le jurisconsulte versé dans l'étude du droit féodal. Cette école fut fondée au seizième siècle par C. Dumoulin, disciple et admirateur du droit romain, qui le premier pénétra dans les profondeurs du droit féodal, montrant et les racines des fiefs et leurs ramifications sans nombre, jetant sur les coutumes un coup d'œil général et cherchant le lien d'harmonie qui pouvait se cacher sous cette multiplicité d'usages.

L'hérédité des fiefs et l'établissement des arrière-fiefs formèrent le gouvernement féodal (Montesquieu). Ce régime devint florissant dès le neuvième siècle, où presque tous les propriétaires du sol avaient certaines obligations à remplir les uns à l'égard des autres ; le donataire devait au donateur le service militaire et certains services domestiques ; le donateur à son tour lui devait protection et garantie.

Quand les fiefs furent devenus héréditaires — dit Montesquieu — le droit d'aînesse s'établit dans la succession des fiefs et par la même raison dans celle de la couronne qui était le grand fief. Les fiefs étant chargés d'un service, il fallait que le possesseur fût en état de le remplir. Ses enfants lui succédant, les seigneurs perdirent la liberté d'en disposer et pour s'en dédommager ils établirent un droit de rachat, qui se paya d'abord en ligne directe et plus tard en ligne collatérale. Bientôt les fiefs purent être transmis aux étrangers et le droit de rachat se payait à chaque mutation, la coutume la fixant ordinairement à une année de revenu du fief.

La féodalité remonte aux Germains, dont la « truste » ou clientèle était une association volontaire d'un certain nombre de guerriers autour d'un chef qui les nourrit et qu'ils suivent à la chasse et à la guerre. Cette aristocratie primitive emprunta plus tard aux Romains vaincus le principe de la propriété individuelle. Les terres conquises et distribuées par les chefs à leurs partisans étaient données à temps et à vie. Lorsque l'expérience eut démontré aux petits propriétaires qu'ils étaient trop faibles pour défendre leur vie et leurs biens, ils demandèrent leur sécurité aux plus forts. C'est ainsi que s'établit le régime féodal à l'abri duquel s'ouvrit la brillante période du Moyen-âge[1]. « Si élevé que fut le prix auquel les assureurs mettaient

1. *Théorie de l'Évolution*, p. 117, par G. de Molinari, éd. 1908.

leurs services, et il y avait à cet égard concurrence entre eux, la prime que leur payait les assurés était modique en comparaison du risque de massacre, d'expropriation ou de pillage dont l'assurance les couvrait.

Quelles étaient les conditions de l'assurance? Le seigneur assureur garantissait la sécurité intérieure et extérieure de l'assuré en se chargeant au besoin de réprimer les révoltes de ses serfs ou de ses sujets. En conséquence, aux appareils de justice, de police et d'armement de l'assuré il substituait les siens, ce qui augmentait ses frais de gouvernement et de défense. Pour se couvrir de cette augmentation et réaliser un profit, il prélevait une prime consistant, d'une part, en des services militaires, en la cession de quelque monopole tel que celui de la fabrication et de l'émission de la monnaie, et, d'autre part, en une prestation morale de foi et hommage.

A son tour, le suzerain se faisait assurer par un seigneur plus puissant dont il devenait le vassal; il y avait ainsi des vassaux et des vavassaux, et le roi lui-même devenait, pour des terres éloignées et qu'il ne pouvait défendre, vassal d'un autre noble. Le capitulaire de Kiersy imposé à Charles le Chauve par les seigneurs, en 877, est considéré chez nous comme le point de séparation du régime barbare et du régime féodal. A la longue, le nombre des seigneuries indépendantes se réduisit de plus en plus par l'extension de la vassalité. Finalement, le seigneur le plus puissant et le plus habile réussit à établir sur tous les autres sa suzeraineté. En France, ce travail d'unification commencé dès le treizième siècle par le roi Philippe-Auguste, fut achevé au commencement du dix-septième siècle par un homme d'État de génie, le cardinal de Richelieu.

A côté des vices inhérents à la tyrannie oppressive, on doit à la féodalité le sentiment de la liberté individuelle, de la dignité humaine, le respect des femmes, la loyauté, la fidélité à la parole et toutes les fières vertus qui naissent et fleurissent à l'ombre de l'épée.

De ses classes.

Dans la société féodale, il y avait symétrie entre l'état des terres et l'état des personnes. Aux trois classes de tenures correspondaient les trois classes sociales : les nobles, les roturiers, les serfs.

Les seigneurs ou nobles. — Pour être noble, il fallait au Moyen-âge posséder une terre franche, comme l'alleu, ou grevée seulement de services nobles, comme le fief ; il fallait ensuite se vouer au métier des armes en devenant chevalier. La chevalerie était une vaste confrérie sans cadres fixes, dont les membres se soumettaient à certaines règles de conduite et à certains devoirs professionnels. La noblesse jouissait de certains privilèges juridiques ou fiscaux : droit de n'être jugé que par ses pairs ; régime particulier en matière de succession, de ménage, de minorité, excemption des tailles et de toutes les taxes directes payées par les roturiers et les serfs.

Les nobles ne possédant pas de terre remplissaient toute leur vie les fonctions d'écuyer ou de varlet auprès de nobles plus fortunés, recevant soit une pension viagère, soit un office seigneurial de sang noble.

La noblesse féodale comprenait aussi des seigneurs ecclésiastiques et certaines communautés de bourgeois érigées en seigneuries.

La noblesse ecclésiastique se composait d'archevêques et d'évêques, de chapitres cathédraux et d'abbés gouvernants les biens temporels de l'Église qu'ils desservaient ou du monastère dont ils étaient les chefs. Leurs titres et leurs privilèges étaient les mêmes que ceux de la noblesse laïque, seulement la qualité de noble était attachée à la fonction ecclésiastique et passait, avec le bénéfice temporel qui en formait la dotation, à tous les titulaires élus canoniquement ou désignés par leurs supérieurs spirituels. Mais, en fait, le haut clergé se recrutait ordinairement parmi les plus puissantes familles de la noblesse laïque, qui recherchaient pour leurs cadets ces dignités ecclésiastiques, de sorte que les seigneuries épiscopales et abbatiales se perpétuaient souvent dans les mêmes familles.

L'unification de l'État enleva aux nobles les pouvoirs souverains, avec les impôts et les monopoles dont ils jouissaient, pour les concentrer entre les mains d'un chef suprême, le roi. Sauf un petit nombre de droits dits féodaux qui leur furent laissés, ils demeurèrent sans autorité sur leurs serfs ou leurs sujets ; s'ils étaient exemptés de certains impôts, ils ne pouvaient plus en lever. Ils vivaient désormais des produits de leurs terres, qu'ils étaint pour la plupart incapables d'exploiter eux-mêmes, et des emplois, bénéfices ou sinécures qu'il plaisait au maître de l'État de leur accorder. Les héritiers de l'aristocratie féodale, si justement fière de son indépendance, descendirent à la condition de courtisans; aussi n'a-t-elle pu opposer une barrière solide à la Révolution qui l'a ruinée, a menacé l'existence de l'État et emporté la monarchie.

Les roturiers. — Toutes les personnes de condition libre qui ne faisaient point partie de la noblesse, par leur naissance ou à un autre titre, composaient la classe roturière. Les uns étaient libres de naissance (issus de père libre ou serf, mais de mère libre), les autres étaient d'anciens serfs qui avaient acquis la liberté, soit par un affranchissement exprès, soit par un séjour d'une année dans une ville de commune ou de bourgeoisie, soit par dix ans de clergé, soit un mariage d'une serve avec un homme libre. La personne libre pouvait choisir son domicile, se marier, acquérir des tenures roturières sous certaines conditions, disposer de ses biens suivant les coutumes établies. Les hommes libres de la campagne avaient peine à résister à l'arbitraire des seigneurs, et parfois, soumis aux mêmes droits seigneuriaux que les serfs, ils n'étaient guère plus libres que dans les actes de la vie civile.

Groupés en communautés municipales, les roturiers formaient une véritable seigneurerie qui prenait rang dans la classe noble ; ils détenaient des fiefs, avaient une milice, acquittaient les devoirs de vassalité, exerçaient sur le territoire communal les pouvoirs législatif, judiciaire, administratif et militaire.

Les assujettis, gens de métiers, commerçants et agriculteurs, supportaient impatiemment la domination de leurs seigneurs et le poids des redevances en échange desquelles ils leur avaient concédé le droit de travailler pour eux-mêmes et d'échanger les produits de leur travail.

Pourtant, les communes, ayant réussi à s'affranchir de l'autorité des seigneurs, se montrèrent rarement capables de se gouverner. Elles tombèrent ordinairement sous la domination de la corporation la plus forte, domination plus dure et plus lourde que n'avait été celle du seigneur. Elles furent finalement englobées dans l'Etat unifié, sans trouver dans ce dernier changement de maître un accroissement de liberté et une diminution de charges.

La classe servile ou agraire. — Très nombreuse au début de la période féodale, cette classe comprenait la plus grande partie de la population ouvrière. En elle s'étaient fondues toutes les classes inférieures de la monarchie franque : esclaves, lètes, colons, affranchis; elle comprenait aussi des personnes libres de naissance devenues serves par un séjour d'un an dans une tenure servile, une condamnation en justice, ou bien une aliénation volontaire de la liberté.

Les serfs avaient la personnalité juridique, par conséquent pouvaient tenir une famille, un patrimoine, mais de lourdes charges et incapacités pesaient sur eux :

1° Ils étaient généralement attachés à un domaine et pouvaient être légués, vendus, échangés et partagés avec la terre au même titre que le bétail et les instruments de culture, à moins, s'ils avaient une tenure, d'en abandonner une partie.

2° Les serfs ne pouvaient se formarier (épouser une personne de condition franche, ou dépendant d'une autre seigneurie, car le seigneur perdait les enfants nés de ces unions). Au treizième siècle, on procédait par échange pour tourner cette rigueur.

3° Les serfs étaient mainmortables jusqu'au treizième siècle, c'est-à-dire que le seigneur était son héritier en tout ou en partie.

4° Ils étaient grevés de redevances nombreuses, entre autres le chevage, la taille (à merci ou limitée) et les corvées.

Sous le régime seigneurial, la coutume, léguée par la tradition et à laquelle il eût été dangereux de déroger, garantissait les serfs ou les sujets contre l'abus du pouvoir du maître et l'excès de la fiscalité. Le seigneur était d'ailleurs intéressé à ne pas épuiser leurs forces et leurs ressources et à les rendre ainsi incapables de s'acquitter des impôts et redevances qui constituaient la grosse part de son revenu. Il était donc intéressé à venir à leur aide dans les calamités, famines, épidémies qui compromettaient leurs moyens d'existence et se répercutaient sur les siens. Enfin, des sentiments naturels d'affection naissaient de cette mutualité d'intérêts et de services qui unissait de génération en génération les maîtres et les sujets.

Lorsque le gouvernement royal remplaça le gouvernement seigneurial, les seigneurs reçurent en compensation des profits aléatoires de leur fiscalité locale, des emplois salariés de l'Etat, mais durent résider hors de leurs domaines. L'absentéisme, qui était l'exception sous le régime féodal, devint la règle. Pour vivre à la cour, dans les villes, ou à l'armée permanente, ils eurent besoin de revenus plus forts, et leurs intendants augmentèrent les charges des vassaux, ajoutant des impositions qu'ils gardaient pour leur rétribution.

Les sentiments d'affection nés de la mutualité des intérêts et des services disparurent pour faire place à la haine et à la guerre aux châteaux, qui commença la Révolution. Dans la Vendée et la Bretagne, où les seigneurs, moins avides d'emplois et d'honneurs, avaient continué à résider sur leurs terres, ces sentiments d'affection séculaire subsistèrent et ils soulevèrent maîtres et sujets contre la tyrannie de la Convention.

Cependant le roi, devenu l'unique propriétaire de l'Etat, était lui aussi intéressé à la prospérité de ses sujets, car ses revenus en dépendaient, mais ses rapports étaient éloignés et le « grand amour » qu'il affirmait pour ses peuples ne le retenait point de les accabler d'impôts et de servitudes. On pouvait espérer que la centralisation de l'Etat, remplaçant les nombreuses administrations seigneuriales, diminuerait les frais de gouvernement. Le contraire se produisit. Les dépenses s'accrurent par le fait même de l'augmentation du maître de l'Etat unifié et les charges de la multitude, en particulier des agriculteurs, allèrent s'aggravant, suivant le sombre tableau que traçait La Bruyère de la condition misérable des paysans dans les années les plus brillantes du règne de Louis XIV.

Du Moyen-âge à la Révolution.

« Les gens du douzième siècle estimaient que la personne humaine est une marchandise, ils n'estimaient pas que l'argent en fût une; ils proscrivaient le commerce des métaux, ils admettaient le commerce des hommes[1]. »

Avant Henri IV, on donnait le titre de gentilhomme à tout homme qui n'avait d'autre profession que celle des armes, d'où gentilhomme de nom et d'armes. Il signifia depuis l'homme noble qui ne doit sa noblesse ni à sa

1. *La fortune privée à travers sept siècles*, p. 152, Vte d'Avenel.

charge ni aux lettres du prince, donc le noble de race et de naissance. Cette qualité marque une ancienne noblesse et rend le véritable gentilhomme, celui qui est noble de race, plus respectable souvent que le titre de comte ou de marquis (Richelet, 1728). Il est bien gentilhomme pour dire : « Il est véritablement gentilhomme et d'ancienne race (Académie, éditions de 1778 et de 1835). En effet, si l'anobli acquiert la noblesse, il n'acquiert pas néanmoins la race, et ses descendants pourront seuls, au bout de cent vingt ans, se prévaloir de la race, attendu que la noblesse de race n'a jamais commencé qu'à la quatrième génération (Hérodote, et après lui tous les historiens, supposent trois générations par siècle).

« Cent ans bannière, cent ans civière. » Ce proverbe impertinent peint les fluctuations du corps de la noblesse féodale que les guerres, les croisades, les tournois, le luxe et les désordres vinrent décimer et ruiner. Sa prépondérance fut néanmoins telle, que son caractère fut décrété indélébile et qu'aussitôt qu'un de ses membres qui avait dérogé cessait de vivre roturièrement, il se trouvait réintégré. Le droit d'aînesse avant la Révolution, transformé en majorat par Napoléon Ier, empêchait la déchéance trop rapide d'une famille.

Le terme d'écuyer fut un véritable titre que les nouveaux anoblis, dans le principe, ne pouvaient porter; on naissait écuyer, on devenait chevalier. La principale obligation d'un fief noble était le service militaire : le devoir de porter les armes, et surtout un écu, était donc un signe de noblesse (A. de Barthélémy). On pouvait aussi porter les armes d'un autre, comme d'un seigneur supérieur. A partir du quinzième siècle, on était écuyer dans son jeune âge jusqu'au moment de parvenir à l'ordre de chevalerie. Les jeunes nobles sortant de l'enfance devenaient pages, varlets ou damoiseaux ; à quatorze ans au moins, ils passaient à l'état d'écuyer.

Anciennement, les prélats non nobles étaient anoblis personnellement par leur charge et pouvaient se choisir des armes. Cet usage s'est conservé jusqu'au vingtième siècle en France; ailleurs il se perpétue encore surtout pour les prélats catholiques romains, qui en prenant possession de leur siège adoptent un écusson et une devise, à moins qu'ils n'en aient de naissance.

C'est un mensonge de prétendre que l'armée était fermée aux roturiers, car l'armée était depuis Henri III (édit de mars 1583) un moyen de parvenir à la noblesse. Mensonge aussi la pendaison fantaisiste des vassaux, car une procédure capitale était ruineuse pour le seigneur qui l'engageait et y réussissait. Pour entrer dans les compagnies des gardes du corps du roi ou des princes du sang, et dans leurs gendarmes, il fallait produire un acte de naissance ou un certificat de noblesse.

« Nulle terre sans seigneur » est l'axiome qui témoigne le mieux des privilèges et des avantages de toutes sortes dont les fiefs gratifièrent leurs possesseurs du treizième au seizième siècle particulièrement. L'on ajoutait surtout sous les premiers Capétiens : « Terre noble anoblit vilain. »

Les principaux privilèges des nobles, dont beaucoup se trouvaient abolis bien avant la révolution de 1789, étaient : exemption d'impôts, possession exclusive des fiefs et des seigneuries, à condition d'observer leur rang ; levées de subsides et de tailles arbitraires ; déclarer la paix ou la guerre à leur gré et ne devoir que le service militaire à leur suzerain ; combattre à cheval couvert de plaques et de mailles, et conduire leurs vassaux sous leurs bannières ;

posséder seuls des armoiries (casques-timbres) et des fourrures.

Vivre noblement signifiait alors, et surtout au Moyen-âge, pratiquer le métier des armes. Un grand seigneur pouvait aussi être fonctionnaire, poète (Ronsard) ou agronome (de Serre), mais il dérogeait et perdait la noblesse en devenant commerçant ou artisan. Cette erreur permettait aux Juifs et à quelques étrangers d'accaparer presque tout le haut commerce, l'industrie naissante étant concentrée par les moines. Richelieu fit rendre à Louis XIII un arrêté par lequel un gentilhomme ne dérogeait pas en trafiquant, et suivant la tactique de Louis XI, il anoblit plusieurs commerçants et de simples artisans. Vivre noblement, signifie aujourd'hui vivre d'une manière digne et généreuse.

Des noms et fiefs.

En 1270, saint Louis, dans ses « Etablissements » (livre 1, chap. 143), consacre le droit reconnu pour la première fois aux roturiers d'acheter un fief. En effet, lourdement obérée avant les croisades, la noblesse, pour aller combattre les Sarrasins, contracta de nouveaux emprunts qui l'amenèrent à engager ses principales seigneuries.

Louis IX promulgua bien en 1254 une Ordonnance accordant aux croisés un long délai pour rembourser leurs créanciers. A son expiration, beaucoup n'ayant pu en solder les intérêts arriérés, force leur fut de vendre quelques fiefs pour éviter la ruine; aussi saint Louis ouvrit-il aux roturiers le chemin de la noblesse en les admettant à posséder et à desservir légalement un fief et en déclarant qu'à la troisième génération les petits-fils de ce roturier, devenus nobles, opéreront leurs partages « gentiment », comme, en un mot, les opèrent les châtelains.

En 1579, l'acquisition ou la possession d'une châtellenie cesse de procurer la noblesse, car, malgré des taxes de plus en plus fortes, le nombre des anoblis s'accrut si rapidement, qu'une sage politique conseilla d'abroger à tout jamais les arrêts royaux, source d'abus (ordonnance de Blois, art. 258, parue en mai 1579 et signée Henri III).

La noblesse se perdait :

1° Par dégradation (condamnation afflictive ou infamante);

2° Par dérogeance (accomplissement d'un acte ou exercice d'une fonction regardée comme indigne de la noblesse : art manuel, commerce de détail, huissier, sergent... sauf en Champagne);

3° Par omission pendant des générations des qualifications nobles.

On pouvait avant 1789 ajouter à son nom celui d'un fief, celui d'une terre, s'il était le nom ou l'héritage de la femme. Puisque les nobles se qualifiaient ordinairement du nom des lieux soumis à leur dépendance, le partage d'une succession, une vente, une acquisition, pouvaient faire prendre des noms nouveaux aux membres d'une même famille et quelquefois à une même personne, d'où cette famille pouvait posséder plusieurs noms que portaient ses divers enfants; aussi trouvait-on une grande difficulté pour reconnaître certaines familles nobles avant 1789. L'excès du mal contraire sévissait jusqu'au onzième siècle et la convocation de la première croisade montra une confusion de la tour de Babel, les fils étant désignés par un nom de baptême suivi parfois d'un sobriquet, du nom du père et de celui du village. C'est véritablement au mouvement causé par les croisades que l'on doit la création du nom patronymique.

La noblesse utérine ou transmissible par les femmes trouva des défenseurs à toutes les époques, et les juges, dans le Barrois et la Champagne, en 1509, en 1599 et en 1668 notamment, admirent ces anoblissements ; mais à partir de cette date, ils furent interdits définitivement.

La manie (nobiliaire) de la distinction est inhérente dans l'homme, puisque avant 1789, jusqu'à Robespierre, Danton et Marat portaient des armoiries. Les fougueux révolutionnaires comme Fouché sollicitèrent des titres de Napoléon Ier. En 1848, la République (qui supprima la noblesse) est appelée antidémocratique ; en 1870, les chefs communards s'affublent des costumes et des coiffes les plus carnavalesques; aujourd'hui même, la plupart des citoyens sollicitent une protection et une recommandation; enfin les fonctionnaires se marient entre eux, dans leur caste, à moins d'une forte dot... soit d'un coup de tête.

Des légendes.

Il existe dans le public, grâce à un certain nombre d'hommes instruits et éclairés, des doctrines erronées sur la noblesse, on oublie les services qu'elle a rendus. Telle est cette foule de romans historiques publiés sous les titres de prétendus mémoires, de lettres supposées, de mystères dévoilés dans lesquels, par de tristes odyssées, on flatte et on excite les mauvaises passions.

C'est le terroriste Dulaure qui créa le mensonge révolutionnaire par lequel des nobles, au Moyen-âge, terminaient leurs actes ainsi : « Et le seigneur a déclaré ne devoir signer, attendu sa qualité de gentilhomme. » L'*Intermédiaire* (1879) a pu prouver avoir lu des milliers de chartes dans divers dépôts publics et n'y avoir pas rencontré une seule fois une formule semblable. Au onzième et au douzième siècles, l'on authentifiait les actes non point par des noms écrits, mais par des croix et des sceaux... et les plus anciennes signatures royales ne remontent pas au delà de Charles V. Il est prouvé que l'enseignement public était très florissant au Moyen-âge et que la guerre de Cent Ans et les guerres de religion lui portèrent un coup fatal. Les Etats généraux de 1614 réclamèrent contre cette ignorance et la noblesse demanda la première un traitement fixe fait aux instituteurs et l'instruction rendue obligatoire. Néanmoins, la France d'avant 1789 comptait 60.000 écoles et 19 villes d'universités.

Il est incontestable que dans les époques où la noblesse a véritablement joué son rôle de classe dirigeante, elle a possédé, — à côté de défauts particuliers, la brutalité, l'arrogance, le mépris des supériorités intellectuelles, — le courage, le respect de la foi jurée, un sentiment élevé de l'honneur. Un Richard Cœur de Lion, un Saladin, un Cid Campéador, un simple Bayard étaient en somme de beaux exemplaires d'humanité.

D'autre part, le noble établi sur ses terres (surtout dans le régime féodal), était un protecteur-né, défenseur et tuteur à la fois, un chef naturel pour les populations qui lui étaient soumises.

Les Etats généraux convoqués le 5 mai 1789 se composaient de 1.128 membres, savoir :

1° clergé, 293 membres.	archevêques et évêques	48
	abbés et chanoines	35
	curés	210
2° noblesse, 270 membres.	princes du sang	1
	magistrats de cours souveraines et de bailliages	28
	gentilshommes	241
3° tiers-état, 565 membres, donc deux de plus que les deux autres ordres réunis.	ecclésiastiques	2
	gentilshommes	12
	maires ou consuls	18
	avocats	279
	magistrats de divers tribunaux	62
	médecins	16
	négociants et cultivateurs	176

De l'émigration.

Le 4 août 1789, la féodalité (c'est-à-dire les privilèges) fut supprimée et la noblesse héréditaire fut abolie le 19 juin 1790. « Si vous faites une loi contre les émigrants, je jure de n'y obéir jamais », concluait un magistral discours de Mirabeau. D'après ces lois de 1790, les biens dits nationaux, c'est-à-dire confisqués, étaient vendus payables en assignats et en douze acomptes.

Or, la dépréciation constante et progressive des assignats fit que la valer monétaire de ces acomptes se réduisit d'année en année et finit par devenir presque nulle. Plusieurs mémoires déclarent, chiffres en main, que les énonciations des procès-verbaux d'adjudication sont fictives (Stourm, *Académie des sciences politiques*, nº 10, 1902).

Par exemple, un immeuble, adjugé 212.700 francs en 1790, n'a coûté à son propriétaire que 71.293 francs. Grâce à une publication mensongère de Dulaure, la tête des nobles fut mise à prix en France et les biens de ceux qui émigrèrent furent confisqués avec bannissement perpétuel, sous peine de mort (décrets des 23 octobre et 10 novembre 1792). Le nombre total des proscrits dépassa 400.000 (*Grande Encyclopédie*) et la liste générale des émigrés, imprimée en octobre 1800, présentait une nomenclature de 145.000 individus ou collection d'individus.

Le 19 juin 1792, on décidait de brûler la

bibliothèque du roi et le cabinet des titres de noblesse, à Paris comme en province; on brûla ainsi à Paris le mélange Clairambault, soit plus de 500 manuscrits grand in-folio.

Depuis 1789 jusqu'à la proclamation de l'Empire, le 18 mai 1804, la France posséda quatre constitutions différentes (1791 — 1793 — 1795 — 1799) qui se trouvaient modifiées presque chaque année de leur fonctionnement (ex. : en 1792); cela prouve suffisamment l'esprit de démence qui semblait animer nos dirigeants à cette stupéfiante époque.

A une époque où le roi était confondu avec l'Etat, pouvait-on considérer les émigrés comme traîtres après la mort du roi par l'Etat?

La dictée pour le brevet d'officier de l'École de guerre de 1906 fut extraite du cours de morale Payot. « Aujourd'hui, est-il dit en résumé, le patriotisme comme tous les sentiments supérieurs est complexe. Pourquoi suis-je résolu à donner et à affronter la mort? Ce n'est pas pour défendre le sol natal (ex. : les Polonais, Alsaciens, Boers); ce n'est pas pour l'unité des langues (les Suisses en parlent trois). Ce n'est point pour défendre l'unité de races qui est un mot vide de sens, ce n'est point pour l'unité du gouvernement ni la communauté des intérêts. Non, mais pour un bien qui a une valeur supérieure à la vie, ce qui est le fondement de tous mes devoirs moraux, la raison d'être de la civilisation : c'est le droit d'être un homme libre, d'aller et venir comme je veux dans mon pays... »

Des confiscations.

Pendant le cours de la Révolution, les propriétés du clergé et des anciennes corporations ont été vendues et sont passées entre les mains de 666.000 acquéreurs; 440.000 particuliers ont acheté les biens de 27.000 familles d'émigrés; ceux des communes ont fait l'objet de 110.000 ventes, c'est-à-dire que, par l'effet de toutes ces ventes, près de 1.200.000 propriétaires nouveaux ont succédé à 30.000 familles ou communautés propriétaires.

Mme Emile de Girardin écrivait en 1840 : « Il y a encore une noblesse en France, quoi qu'en disent MM. les journalistes, ces aristocrates du jour... Comment voulez-vous qu'une femme ne soit pas très fière d'être comtesse ou marquise, quand elle se rappelle toutes ces femmes qui ont eu la tête tranchée, parce qu'elles étaient comtesse ou marquise? La noblesse en France n'était qu'une institution ; à force de lâcheté et de haine, vous en avez fait une religion, vous lui avez donné le baptême du sang ; vous avez beau faire, la noblesse ne périra pas, parce qu'elle a eu ses martyrs comme la liberté. »

La noblesse au dix-neuvième siècle.

Deux fois la noblesse fut violemment abolie en France, en août 1789 et en février 1848 ; mais on sait ce qu'il advient des lois qu'édicte la passion : des décrets impériaux de 1806 et de 1808, l'article 71 de la charte de 1814 et le décret du 24 janvier 1852 les mirent à néant.

Sans le noble attrait des distinctions et des titres, disait-on, sans l'espoir d'un échelon social quelconque à gravir, sans la création d'une phalange d'élite, se recrutant parmi tous les genres de mérite, jamais, non jamais, on ne peut provoquer ce développement d'émulation, cette fièvre d'étude, de bravoure, de génie, qui est la vie, la splendeur et l'unique prestige d'une nation.

Dans le courant du dix-neuvième siècle, 3.000 familles furent anoblies héréditairement et un certain nombre de titres héréditaires furent distribués par :

	Princes	Ducs	Marquis	Comtes
Napoléon Ier.....	9	32	»	388
La Restauration..	»	17	70	83
Louis-Philippe....	»	3	»	19
Napoléon III......	»	1	»	19
Totaux....	9	53	70	509

CHAPITRE II.

ARMOIRIES, TITRES ET DÉCORATIONS.

Un beau nom se transmet comme une fortune : un titre est une propriété, et les armes sont conservées comme des marques d'honneur dans les familles.

Des blasons.

Le blason est l'égide de l'honneur... disait-on, comme un bouclier, il le garantit. De l'allemand *blasen* (souffler du cor), le terme s'appliquait aux proclamations faites dans les tournois. Il passa peu à peu aux armoiries qu'on nommait si justement parlantes. C'est aujourd'hui l'ensemble des armoiries, devises et figures qui composent un écu armorial.

La connaissance du blason est la clef de l'histoire de France. (G. de Nerval.)

Aussitôt maint esprit, fécond en rêveries,
Inventa le blason avec les armoiries.

(BOILEAU.)

Redorer son blason signifiait relever sa fortune. L'origine du blason, qui ne remonte vraiment qu'au Moyen-âge, vient de l'emploi de certains symboles figurés qui distinguaient les héros chez les peuples anciens. La science héraldique n'est plus regardée aujourd'hui que comme une partie de l'archéologie, après avoir excité une admiration portée jusqu'au culte.

Avant 1789, les preuves de noblesse servaient à reconnaître et distinguer les nobles pour entrer dans l'Église, les communautés, ordres réguliers et militaires. Pour réprimer les usurpations, on faisait des recherches de noblesse. Les quartiers que l'on devait alors exhiber étaient une division de l'écu qui servait de preuves dans un arbre généalogique, s'il était appuyé des actes originaux nécessaires pour en établir la filiation, car certains chapitres religieux demandaient 16 et 32 quartiers de noblesse pour recruter leurs membres. La progression dans la production des quartiers est géométrique. Chaque nombre se double de l'un à l'autre, chacun ayant un père et une mère dont on produit le quartier. Donc 16 quartiers de noblesse ininterrompue représentent quatre générations et 32 quartiers représentent cinq générations.

Les armoiries.

Les armoiries des villes eurent la même origine que celles de la noblesse féodale : l'emblème, la devise, le chiffre. C'est au retour de la première croisade (1096 à 1145), pendant le onzième siècle, que se développe l'art héraldique et que disparaît l'emblème personnel. Sa conséquence heureuse fut l'établissement des surnoms, plus tard noms de famille que les armoiries devaient exprimer. A partir du quinzième siècle, les armoiries urbaines furent ornées de supports (animaux) et de tenants (anges) placés aux côtés de l'écu. Trois choses sont à considérer dans les armoiries : les figures, les émaux, l'écu. Les figures sont : héraldiques ou propres, dites honorables : chef, croix, sautoir; moins honorables : losange, échiquier; naturelles : humaines, plantes, astres... soit artificielles : vêtements, instruments de guerre, chasse, métier.

Les émaux comprennent : 1° les métaux : (or

ou jaune, argent ou blanc); et 2° les couleurs : azur (bleu), gueule (rouge), sinople (vert), pourpre (violet), sable (noir), la carnation (couleur corps humain), naturel (couleur des plantes, animaux), les fourrures (hermine et contre-hermine, vair et contre-vair).

Le fond sur lequel sont représentées les armoiries se nomme écu ou champ : il comporte neuf positions de figures. Il est simple (une couleur) ou composé de divisions nommées partitions, qui sont : 1° parti (ligne verticale) ; 2° coupé (ligne horizontale) ; 3° taille (gauche à droite) ; 4° tranché (le contraire) ; 5° écartelé (lignes verticale et horizontale réunies) en sautoir ou gironné.

Les ornements extérieurs du blason servent à indiquer les 'dignités, les charges et le rang, comme : les cimiers, les casques, les couronnes, les chapeaux. Une devise exprimant une sentence est inscrite sur une banderole au-dessous de l'écu.

Des titres.

Les titres de noblesse ne sont qu'une décoration ajoutée à la noblesse, de même que le devint la particule nobiliaire qui la faisait attribuer à toutes personnes honnêtes et connues au dix-septième siècle, comme : MM. de Molière, de Corneille, de Voiture, alors que : Molé, Séguier, Pasquier, Chabot et Fitz-James, aussi bons gentilshommes, étaient alors les derniers à sacrifier à cet usage.

Les chevaliers.

Nommés « miles » avant le treizième siècle, c'étaient les hommes libres de chez les Francs. Pour être admis dans les rangs des chevaliers, il fallait être noble de père et recevoir la « colée ». Napoléon Ier rétablit la chevalerie non comme qualification, mais comme titre (1808). Les pages et les écuyers du roi, avant 1789, avaient ordinairement deux cents ans de noblesse.

Les ordres de chevalerie étaient très nombreux. Citons entre autres les ordres de : l'Étoile (fondé en 1351 par Jean le Bon); l'Écu d'or (1363, par le duc Loys de Bourbon) ; l'Hermine (1381, par Jean IV duc de Bretagne); Saint-Georges de Franche-Comté (1390, par R. de Molans); Porc-Épic ou Camail (1393, par Louis d'Orléans); Saint-Hubert de Lorraine (1416, par le duc de Bar); Notre-Dame du Mont-Carmel et Saint-Lazare de Jérusalem, fondé en 1154, par Louis VII de France, qui est le plus ancien ordre de chevalerie de la chrétienté, car il fut établi vers l'an 637 dans la ville de Jérusalem et prit la règle de saint Basile. La Maison de Saint-Cyr, à Saint-Denis, fut fondée en 1685 par Louis XIV; elle était destinée à recevoir 250 jeunes filles de familles nobles entre sept et douze ans pour les élever, les nourrir et les entretenir de toutes choses jusqu'à 20 ans; quatre degrés de noblesse du côté paternel étaient exigés.

Les couronnes.

Les couronnes distinguaient les nobles titrés. Toutes les couronnes des souverains se ressemblaient autrefois; elles étaient ouvertes, à feuilles d'arche comme celle des ducs actuels. Celle des rois de France était faite, depuis Henri II, d'un cercle de huit fleurs de lis et de six cintres qui le ferment et portent au sommet une autre fleur de lis. Celle des enfants de France et des princes du sang est un cercle surmonté de huit fleurs de lis. La couronne ducale est un cercle à huit grands fleurons refendus. Celle de marquis est de quatre fleurons et de cinq perles en manière de trèfle entre chaque fleuron. Celle de comte est un cercle d'or à seize grosses perles au-dessus. Celle du vicomte, un cercle d'or à quatre grosses perles au-dessus. Celle de baron, un cercle sur lequel se trouvent en six espaces égaux des rangs de perles trois à trois en bandes. Celle de vidame, un cercle sur lequel se trouvent quatre croix pattées. Le Pape porte une tiare, sorte de mitre environnée de trois couronnes. Le doge de Venise portait une toque ducale nommée corne. La plupart des souverains et des nobles d'Europe portent des couronnes assez semblables à celle de France. Les prélats ecclésiastiques, ayant rang de duc ou comte, mettaient cette couronne sur leurs armoiries.

De ce que la possession d'une terre fut considérée comme suffisante pour conférer un titre à un gentilhomme, naquit l'usage dans les familles possédant plusieurs fiefs qualifiés de donner en apanage de son vivant une terre à chacun de ses fils. Ces derniers prenaient les titres et noms de ladite terre, d'où l'origine des titres des cadets et celui de plusieurs titres conférés par la même terre si cette dernière venait à être vendue ; cela était contraire aux ordonnances royales condamnant cet abus.

Du droit au titre.

Les titres conférés par le roi avant 1789, à moins d'être attachés à une terre ou explicitement mentionnés héréditaires dans la concession, étaient des qualifications viagères ; on les fit néanmoins héréditaires tout comme ceux de barons, comtes... donnés aux principaux fonctionnaires au siècle dernier et dont les descendants se parent aujourd'hui sans plus de droit que le fils d'un commandeur de la Légion d'honneur qui s'intitulerait commandeur de sa propre initiative. Jusqu'en 1789, le fils aîné seul porte souvent le titre immédiatement inférieur à celui de son père, et peu de cadets impatients s'arrogent des titres avant l'extinction présumée de la branche aînée, car aucune des branches collatérales n'avait le droit de relever le titre de la branche titrée à son extinction avant d'avoir obtenu des lettres patentes du souverain. La même règle existe depuis la Révolution ; l'Empire comme la Restauration n'ont reconnu qu'aux fils de pairs le droit de prendre le titre immédiatement inférieur à celui de leur père ou de leur frère aîné (Ordonnance du 25 août 1817).

On est frappé (C. de Tourtoulon, *Revue nobiliaire*) de la confusion presque inextricable qui règne en France en matière de titres. Depuis celui de duc jusqu'à celui de baron, ils furent souvent conférés à des personnes auxquelles leur extraction, pas plus que leurs services, leur position ou leur valeur personnelle ne donnaient aucune prééminence sur le reste de la noblesse. Dès la première moitié du dix-septième siècle, Pierre d'Hozier fait remarquer que quantité de personnes portent abusivement par toute la France les qualités de marquis et de comte sans autre fondement que parce que leurs valets les appellent ainsi. Dans ses Mémoires, Saint-Simon prétend les titres de marquis et de comte tombés dans la poussière par la quantité de gens de rien, et même sans terre, qui les usurpent. Le généalogiste Mangard écrivait en 1788 : « Il y a au moins huit millle marquis, comtes ou barons, dont deux mille au plus le sont légitimement, quatre mille bien dignes de l'être, mais qui ne le sont que par une tolérance abusive ». Arrêté un instant par les révolutions de 1791 et 1848, l'abus n'a fait que grandir, malgré quelques tentatives infructueuses faites pour la réprimer, dont la dernière date d'hier (1908) au sujet du droit d'enregistrement des titres authentiques qui seuls peuvent figurer sur les documents officiels, impôt remis en vigueur sur le désir de M. Clémenceau.

On peut affirmer que sur cent personnes qui portent actuellement un titre, dix ou douze seulement y ont droit, et nous ne parlons pas des étrangers résidant en France. Par contre, il y a des titres légitimes à leur origine qui par négligence de leurs possesseurs, ou, ce qui est plus rare, par la perte des actes probants, n'ont pas reçu la sanction de l'état civil devenue indispensable depuis la loi du 28 mai 1858. Réciproquement, il a beaucoup de qualifications qui ne pourraient s'appuyer même sur un prétexte, qui sont parvenues, en se glissant dans des actes de naissance ou de mariage, à se mettre en règle avec la loi.

Baron.

C'est le plus ancien titre donné par les princes à leurs braves; il était primitivement réservé aux plus courageux à la guerre, aux officiers de la garde. D'abord la première seigneurie après la souveraineté, elle fut élective et vient de l'ancien allemand « bar », signifiant homme libre. Les fils des grands seigneurs prirent plus tard le titre de baron. Napoléon Ier créa (1er mars 1808) barons ses ministres, conseillers d'État à vie, évêques, certains magistrats et trente-sept maires de villes.

Comte.

Leur origine remonte à l'année 130, au règne de l'empereur romain Adrien. Ce nom vient du latin *comes*, compagnon, et les premiers furent établis par l'empereur Constantin le Grand. Ils rendirent ensuite la justice dans les armées et furent juges dans les provinces, où ils étaient gouverneurs; les vicomtes étaient leurs lieutenants. Les comtes étaient divisés en trois classes dont la dernière seule entrait au Sénat. Comme dignitaires du palais des premiers empereurs romains, ils furent aussi leurs conseillers, et restèrent d'abord presque indépendants des rois dont ils étaient les vasseaux. Très nombreux dans les deux derniers siècles, J. de Maistres put dire « nos comtes, quand on les compte, ressemblent à des contes ». Le titre existe chez toutes les nations européennes, surtout en Russie, en Allemagne et en Angleterre, où il se rencontra avant l'invasion normande. Guillaume le Conquérant le rendit héréditaire. Tacite mentionne des comtes chez les Germains avec lesquels ils pénétrèrent en Gaule. Ils ne tardèrent point à abuser de leurs fontions, établissant des impôts à leur avantage et arbitraires, aussi eurent-ils maille à partir avec Charlemagne. Ils portaient leur couronne depuis Hugues Capet, furent titulaires des plus riches abbayes dont ils touchaient les revenus en se qualifiant d'abbés. Quelques fonctions ou charges (ambassadeurs, chanoines) donnèrent à leurs titulaires le droit de se qualifier de comtes. Louis XVIII permit aux fils puînés des ducs et aînés de marquis de s'appeler comtes; enfin, Napoléon III, par sa loi de 1858, dut mettre un terme aux usurpations ridicules, quoique peu dangereuses, de ce titre.

Vicomte.

Primitivement, lieutenant ou remplaçant du comte. Le terme ne devient en usage que sous le règne de Louis le Débonnaire. Leurs fonctions étaient également civiles et militaires, mais l'établissement des sénéchaux et des baillis royaux les réduisit à peu de chose. Le fils aîné du comte prit aussi ce titre.

Marquis.

Louis XII, en février 1505, créa le premier marquis français. C'était un officier nobiliaire dont le fief se trouvait sur la frontière et qui commandait dans les corps d'armée qui s'y trouvaient. Molière (dont le petit-fils fut créé marquis et joua un rôle à l'émigration) fit du marquis un type de fatuité, de niaiserie et de suffisance qui ne déplaisait point à Louis XIV. Les auteurs contemporains font du marquis un autre type : c'est le vieil émigré plein de morgue et qui semble un revenant au milieu de notre société actuelle, avec ses idées et ses modes d'un autre âge. D'où : marquis de Carabas

— ce n'est point la peine de faire votre marquise — allons, saute marquis!...

La dignité de marquis date de 1385 en Angleterre. En Italie et en Savoie, par un édit d'octobre 1576, nul ne pouvait être créé « marquis » s'il ne possédait 5.000 ducats de revenu annuel et « comte » s'il n'en posédait 3.000. En Allemagne, quelques marquis furent électeurs de l'empire et souverains.

Duc (Du latin *dux*, chef).

Etablis par Constantin le Grand dans les provinces frontières pour être supérieurs des français, ils avaient la conduite des armées et la justice distributive. En 1179, le roi Louis le Jeune créa de ces ducs les premiers douze pairs : six laïques et six ecclésiastiques ; la moitié étaient déjà ducs, les autres comtes. Avant 1789, ils étaient les premiers seigneurs féodaux et une duchesse épousant un roturier l'anoblissait par son mariage ; de plus, elle transmettait la dignité à son mari par la grandesse dite d'Espagne. Les ducs et pairs avaient séance au Parlement. Pour diminuer l'influence des ducs, Charles IX, en 1566, ordonna qu'aucune terre ne serait à l'avenir érigée en duché que sous condition qu'à défaut d'héritiers mâles elle ne fasse retour à la couronne. Le duc ne pouvait aussi se démettre qu'avec l'agrément du roi. Il y avait avant 1789 quatre sortes de ducs : ducs pairs, non pairs, par brevets et par lettres, ces derniers ne jouissant de ce titre que pendant leur vie. Napoléon Ier créa quatre duchés-principautés et vingt-huit duchés simples. Il y a vingt et un duchés anglais, sept écossais et un irlandais. Le titre remonte au temps des Saxons en Angleterre. La création d'un duc s'y fait toujours avec beaucoup de solennité. Leurs fils aînés sont marquis comme en France, les cadets lords en y ajoutant leurs prénoms. En Allemagne, le nom de duc comporte avec lui une idée de souveraineté. En Italie, Espagne et Portugal, ce titre est assez commun. En Russie, les princes de la famille impériale prennent la qualification de grands-ducs ; en Suède, Norvège et Danemark, ils prennent le titre de duc.

Pair.

Sous Charlemagne, tous les seigneurs et tous les grands étaient pairs. La dignité était personnelle ; elle devint héréditaire et attachée à la possession d'un fief sous la troisième race et resta toujours la première dignité de l'Etat sous la monarchie.

Avant 1790, il y avait en France trente-huit ducs pairs héréditaires, seize ducs héréditaires non pairs, vingt-cinq ducs à brevet, plus six princes royaux.

En 1814, Louis XVIII créa 154 pairs à vie pour composer la Chambre haute dite Chambre des pairs de France.

En octobre 1862 (*Revue nobiliaire*), il y avait en France 67 familles de noblesse royale ou impériale ayant un duc pour chef de nom et d'armes, dont au moins 10 allaient s'éteindre faute d'héritiers directs.

L'*Almanach royal* de 1788 nommait 38 ducs pairs héréditaires par ordre d'ancienneté. C'étaient les ducs de :

Uzès, Elbeuf, Montbazon, Thouars, Sully, Luynes, Brissac, Richelieu, Fronsac, d'Albert, Rohan, Piney, Gramont, Villeroy, Mortemart, Saint-Aignan, Gesvres, Noailles, Aumont, Charost, Saint-Cloud, Harcourt, Fitz-James, Chaulnes, Villars-Brancas, Valentinois, Nivernois, Biron, Aiguillon, Fleury, Duras, Vauguyon,

Praslin, La Rochefoucauld, Clermont-Tonnerre, Aubigny, Choiseul, Coigny.

Les 16 ducs héréditaires non pairs étaient :

Chevreuse, Chatillon, Liancourt, Broglie, Laval-Montmorency, Rohan, Montmorency, Lorges, Croï-d'Havré, Villequier, Chatelet, Polignac, Maillé, Lévis, Saulx-Tavannes, Force.

Ces 54 personnages représentaient 50 familles ducales, dont 17 ont une descendance masculine directe, selon l'*Almanach du Gotha* de 1909. Ce sont les :

Broglie, Cossé-Brissac, Clermont-Tonnerre, Fitz-James, Gramont, Harcourt, La Rochefoucauld, La Trémoïlle (Thouars), Lorges (Durfort-Civrac), d'Albert de Luynes, Maillé, Mortemart (Rochechouart), Noailles, Polignac, Rohan-Rohan (hab. l'Autriche), Rohan-Chabot (de Léon), Uzès (Crussol).

Enfin, les 6 princes royanx sont actuellement représentés par les 4 branches de la famille de Bourbon-Orléans.

Chancelier.

Depuis Hugues Capet jusqu'en 1790, on compta 98 chanceliers de France, à partir de

Adalbéron, archevêque de Reims, chancelier des deux derniers Carlovingiens et de Hugues Capet qu'il sacra, jusqu'à René-Augustin de Maupeou, mort le 2 juillet 1792. La charge rétablie par Napoléon Ier fut définitivement abolie par la seconde République. Ses titulaires furent : 1° P. de Cambacérès, duc de Parme ; 2° Charles Dambray, chancelier de France en 1814 ; 3° le marquis de Pastoret en 1830 ; 4° Etienne, duc Pasquier, 1830-1848.

Décorations françaises.

Ordre du Saint-Esprit. — Créé par Henri III (décembre 1578), abrogé en 1830 par Louis-Philippe, il fut réservé exclusivement à la noblesse jusqu'en 1816. Il comprenait d'abord 100 chevaliers (4 degrés) qui prenaient aussi le titre de chevaliers des ordres du roi, car tous devaient être aussi reçus chevaliers de Saint-Michel.

Saint-Louis. — Fondé en avril 1693 par Louis XIV, il est la première décoration française véritablement répandue et fut réservé aux militaires. Il se divisait en trois degrés : chevalier, commandeur et grand'croix, et fut supprimé en 1830.

Saint-Michel. — Créé par Louis XI en 1469, aboli en 1830. Il comprit d'abord 36, puis 100 chevaliers sous Louis XIV et fut réservé depuis cette époque aux non-militaires, non compris les étrangers et les chevaliers de Saint-Louis. Il comprenait 3 degrés.

Saint-Georges en Franche-Comté (16 degrés de noblesse exigés), *Notre-Dame-du-Mont-Carmel* (4 degrés exigés), *Saint-Hubert* de Bar (33 degrés de noblesse non compris le présenté) sont les principales décorations régionales.

Hospitaliers de Saint-Jean-de-Jérusalem, dit de Rhodes, puis de Malte. Fondé pour combattre les infidèles par Gérard, mort en 1120, il se composait de 8 langues ou nations, comportait 3 vœux et exigeait 16 degrés de noblesse dont 8 de paternelle.

Saint-Lazare, sans principes de noblesse connue, exigeait 9 degrés.

Légion d'honneur. — Créé par la loi du 19 mai 1802 et distribuée pour la première fois le 26 juillet 1804. Le soldat, le général, le pontife, le magistrat, l'administrateur, l'homme de lettres, l'artiste célèbre, recevant chacun la récompense de leurs talents et de leurs travaux, disait le *Journal officiel* d'alors. Le décret de mars 1808, par Napoléon Ier, en transmettait de mâle en mâle le titre de chevalier, moyennant justification d'un revenu net de 3.000 francs au moins. Le même décret concernait les titres de la noblesse impériale qu'il créait. Louis XVIII restreint le titre de chevalier aux membres de la Légion d'honneur, mais en fit une noblesse héréditaire après trois générations de chevaliers se suivant (aïeul, fils, petit-fils) le 8 octobre 1814. Depuis, chaque changement de pouvoir modifia les décrets concernant la Légion d'honneur en augmentant sans cesse le nombre des décorés; le dernier décret date de 1870.

La Révolution établit des médailles révolutionnaires et distribua des allocations et des armes d'honneur aux militaires les plus distingués, mais elle supprima toutes les décorations de la monarchie.

Mérite militaire. — Créé en mars 1759 par Louis XV pour récompenser les officiers protestants étrangers, fut calqué sur l'ordre de Saint-Louis et supprimé en 1830.

Médaillon de vétéran. — Etabli en mai 1771

pour les soldats ayant vingt-quatre ans de service. C'est le seul ordre conservé par la Révolution.

Couronne de fer. — Fondée en 1805 à Milan par Napoléon Ier. A sa chute, la monarchie autrichienne conserva l'ordre qui prend place après la Toison-d'Or et Saint-Etienne.

Médaille militaire. — Instituée en janvier 1852 en faveur des soldats et sous-officiers de terre et de mer et donnant droit à une rente viagère de 100 francs. Après chaque campagne : Tunisie, Madagascar, Chine, etc., il est d'usage de frapper une médaille commémorative distribuée à ceux qui y prirent une part active.

Les palmes d'officier de l'instruction publique et d'officier d'académie. — Elles furent réglées dans leur modèle actuel par le décret du 7 avril 1866, car elles étaient déjà trois ou quatre fois séculaires selon le ministre Duruy. Ces palmes se décernent aujourd'hui très rarement aux militaires.

CHAPITRE III.

ANOBLISSEMENT. — PREUVES, — DÉNOMBREMENT DE LA NOBLESSE.

Anoblissement.

L'anoblissement était relativement aussi facile avant 1789 qu'il l'est devenu depuis. On distinguait l'anoblissement :

Par *inféodation* (achat de fief) ;

Par *les armes* (noblesse militaire de dix à vingt années de service consécutives), comme commissaires ordinaires provinciaux de la guerre (20 ans de service), comme officiers municipaux ou noblesse de cloche (accordée aux officiers municipaux de douze villes ; Lyon, Toulouse, Bourges et Perpignan jouissaient encore de plus grands privilèges) ;

Par *les charges* ou noblesse civile, comme docteurs, régents et professeurs en droit (après vingt ans d'exercice) ;

Par *le ventre de la mère*, inventé après la perte de la bataille de Fontenay en 841 pour les enfants issus d'une mère noble et d'un père roturier. Répandu en Provence, Barrois et Champagne, l'usage s'en perdit dès le dix-septième siècle.

Noblesse civile.

Grandmaison compte au moins 3.066 charges par lesquelles on parvenait à la noblesse. Dans ce nombre, on ne comprend point les charges de maires, capitouls, jurats, échevins, ni les anoblissements par lettres.

Charges de secrétaires du roi des grandes et petites chancelleries........	730
Charges du grand Conseil..........	64
— du Parlement..............	1.037
— des Chambres des comptes..	686
— des Cours des aides........	171
— de la Cour des monnaies....	41
Charge du bureau des finances de Paris.	12
Charge des bureaux des finances des autres généralités qui donnent la noblesse au 2e degré, 650; lesquelles équivalent à......................	325
charges qui donnent la noblesse au premier degré.	
Total............	3.066

Depuis 1806 jusqu'en 1870, où l'on cessa de conférer la noblesse comme récompense aux meilleurs citoyens, elle se distribua un peu au petit bonheur, et les principaux officiers et fonctionnaires, pas plus que les membres de l'Institut de France, sauf sous Napoléon Ier, n'y eurent un droit absolu.

L'ancienne noblesse en France est celle créée avant 1789; la nouvelle est celle créée depuis. La haute et simple noblesse, en Allemagne, la grande et petite noblesse en Pologne, la noblesse titrée, de roche, de race, de cloche, de finance, de bannière, de chaudière, en Espagne (comme en France autrefois), distinguent les deux degrés de noblesse.

De la particule.

La particule nobiliaire est une préposition qui dans plusieurs pays précède le nom des nobles : c'est, en France, *de* ; en Allemagne, *von* ; en Angleterre, *of* ; en Danemark, *af* ; en Hollande, *van* ; en Portugal, *da* ; en Italie, *di* ; qui partout signifie l'extraction. La particule ne se place jamais seule devant le nom ; on ne signe pas : de Noailles, de Vogüé, de Grammont, mais : comte Mathieu de Noailles, Melchior de Vogüé, duc de Grammont; et pour des familiers : Noailles, Vogüé, sauf avec une simple syllabe ou un *d'*; exemple : d'Aremberg.

Depuis 400 ans seulement, la particule est considérée comme nobiliaire; ainsi, Jeanne d'Arc n'était point noble : c'est donc un préjugé fondé sur des raisons. En effet, en 1793, les révolutionnaires laissaient la préposition aux roturiers et la supprimaient aux seigneurs, sous prétexte que l'une n'indiquait que l'origine, tandis que l'autre rappelait la féodalité. Mais l'absence de cette syllabe ne se remarque guère sérieusement que devant les noms de la noblesse de robe et des autres anoblis que le respect de la loi obligeait de signer de leur nom de famille seul ou que le manque de fiefs (avant 1789) a privé d'avoir un second nom duquel dérive la majorité de ces préfixes. Donc, la particule est bien l'enseigne de la noblesse si elle n'en est pas l'insigne[1].

Les fausses preuves et la noblesse feinte existent encore de nos jours; c'est un devoir de

1. Louis Viau, *La Particule nobiliaire*, Paris.

les démasquer dans l'intérêt de la vérité, de la justice, et de la morale publique. C'est le titre seul légalement acquis qui est le signe vrai de la noblesse, et jamais le nom et les particules sans le titre ne peuvent donner une distinction nobiliaire ou honorifique. En effet, dès octobre 1554, un arrêt du Parlement de Paris déclarait que le titre d'« écuyer » que portaient tous les gentilshommes d'alors était caractéristique de la noblesse jusqu'à preuve du contraire. Même sous Louis XIV, on ne poursuivait pas ceux qui prenaient des noms de seigneuries et des particules, mais seulement les usurpateurs de qualifications nobiliaires. Exemple : Lafontaine fut poursuivi et condamné, car non noble malgré sa particule, il avait pris dans des actes la qualité d'écuyer (lire son épître V), et Boileau, poursuivi pour le même motif, tout en ne portant pas la particule, fut acquitté, car il prouva une noblesse de quatre siècles (lire sa lettre à Brossette du 9 mai 1699).

L'édit d'avril 1770 pour la Corse, celui d'août 1782 pour les colonies, réglèrent les confirmations de noblesse.

Des preuves de noblesse.

La noblesse française possède deux sources de preuves officielles et complètes avant 1789.

1° *L'Armorial général de France*, manuscrit dressé de 1697 à 1700, sous la direction de Charles d'Hozier, en vertu de l'édit royal de novembre 1696. Il se compose de 34 registres-volumes in-folio, reliés par province et paraphés à chaque page. Comme complément de cette monumentale et minutieuse enquête, 35 volumes contiennent des armoiries coloriées d'après le texte des blasons inscrits dans les registres et sont également divisés par généralités ou intendances.

Beaucoup de ces nobles ne portent point de particule.

Malheureusement, l'orthographe des noms propres est souvent défectueuse dans les deux recueils; enfin, la plupart des volumes renfermant les armoiries peintes sont dépourvus de tables. Louis Paris publia, en 1865, à Paris, en deux tomes, un indicateur ou table alphabétique des noms ayant un article dans les 34 volumes composant l'*Armorial général*.

2° *Les procès-verbaux et les cahiers des bailliages* établis en 1789 sont les documents les plus précieux et les plus sûrs à consulter, car ils comprennent les noms de tous ceux qui avaient la noblesse acquise et transmissible. On donna défaut à tous ceux qui, âgés de 25 ans, n'avaient pas comparu en personne ou par procureurs de leur ordre, malgré ce qu'ont pu insinuer certains fabricants de généalogies. Dans son instruction du 6 mars 1789, le garde des sceaux disait : « il n'y a que les nobles possédant fiefs et âgés de 25 ans qui peuvent être admis à l'assemblée de la noblesse, les particuliers non nobles qui sont propriétaires de fiefs n'y peuvent entrer. » A cette époque, les représentants du tiers-état pour un huitième portaient des particules, alors que si tous les nobles admis à l'assemblée de la noblesse portaient le titre de chevalier ou d'écuyer, plusieurs n'avaient point de particule.

« Le cabinet des titres » existant au département des manuscrits de la Bibliothèque nationale fut fondé en 1711, par Roger de Gaignière. Il comprend des manuscrits titres armoriaux, recherches, preuves de noblesse, généalogies recueillies par les d'Hozier, Gaignières, Baluze, Dupuy, Duchesne, Guiblet, Blondeau, Jault... auxquels on ajouta des manuscrits des monastères sauvés de la destruction à la Révolution. Les dossiers sont classés par ordre alphabétique. Après l'*Armorial général*, les plus remarquables sont : le *Trésor généalogique*, recueil en près de cent volumes, formé par Villevieille, et le *Fonds Duchesne*, en cinquante-neuf volumes, composés de 1640 à 1701 par André Duchesne, surnommé le « père de l'histoire de France ». Le 1er mars 1808, un décret impérial, consacrant les majorats, établit, à l'exemple des commissions nommées sous l'ancienne monarchie pour l'examen et la recherche des titres de noblesse, un « Conseil du sceau des titres », devenu par une Ordonnance royale du 15 juillet 1814 une « Commission du sceau », puis une « Division du sceau » au Ministère de la Justice (1830), enfin de nouveau un « Conseil du sceau des titres » le 8 juin 1859, qui fut définitivement abrogé avec la Constitution républicaine du 25 février 1875.

Des nobiliaires.

Il existe de nombreux nobiliaires qui sont souvent des fabriques intéressées de généalogies. Ils ne peuvent donc être consultés qu'avec réserve, d'autant plus que certains mentionnent beaucoup plus de nobles qu'il n'en existe.

Les principaux semblent être :

L'*Armorial général*, par C. d'Hozier, qui mourut pauvre et dont le fils dut vendre au roi pour une modeste rente les trésors manuscrits que renfermait la bibliothèque de son père. Il entreprit, à titre privé, la publication des généalogies des familles nobles contenues dans l'*Armorial général officiel*. Ce travail herculéen demandait cent volumes; dix seulement parurent que L.-P. d'Hozier et d'Hozier de Serigny rééditèrent ligne par ligne, depuis 1867, chez le libraire Firmin Didot et Cie; ils les pourvurent de tables et de deux volumes complémentaires.

Bibliotheca familiarium nobilium (Berlin, 1886), par Grundlach.

Bibliotheca genealogica (Hambourg, 1729), par J. Hübner.

Dictionnaire universel de la noblesse de France (1820), 5 vol. in-8°, par le chevalier de Courcelles.

Annuaire de la noblesse de France (1844-1893), par Borel d'Hauterive.

Les anoblissements de l'Empire et de la Restauration, 10 vol. in-8°, par A. Reverend.

Dictionnaire de la noblesse (1863-1877), par de La Chenaye.

Le nobiliaire universel de France (1872-1876), 20 vol. in-8°, par de Saint-Allais; comme le précédent, il fourmille d'erreurs.

Noblesse de France et les anoblis de la République, par J. de Bonnefon, Paris, 1908.

Annuaire héraldique, in-8°, publication annuelle, à Paris.

Dictionnaire de la noblesse (1875), en 3 tomes, par D. de Mailhol; contient une nomenclature d'ouvrages sur la noblesse.

L'Annuaire de Gotha; le Gotha français, publié à Paris.

Dictionnaire des familles françaises anciennes ou notables à la fin du dix-neuvième siècle (1903, Évreux), par Chaix-d'Estange, vaste compilation en cours de publication.

Armorial général de Riestap (notices sur 105.000 familles), par V. Rolland, nouvelle édition en cours de publication.

Dénombrement de la noblesse.

L'*Armorial général*, dressé de 1697 à 1700, comprend une liste d'environ 60.000 noms que l'on peut réduire à 58.000 par suite de répétitions causées par la mauvaise orthographe et de déplacements, ce qui représente de 18 à 19.000 familles nobles, et un maximum de 180.000 nobles, femmes et enfants compris (58 × 3,3).

En 1789, il y avait en Corse seulement 62 familles nobles reconnues, dont celles de Buonaparte, Casablanca, Colonna...; un demi-siècle plus tard, tout le monde s'y prétend de race noble.

D'après une statistique publiée par Siéyès, la noblesse, en y comprenant les femmes et les enfants, formait une population de 110.000 âmes avant le décret du 17 juin 1790, qui la supprima. D'après la *Grande Encyclopédie*, il y avait de 26 à 28.000 familles nobles, soit 130 ou 140.000 nobles en 1789. Ce dernier chiffre est un minimum de noblesse transmissible; mais les 140.000 âmes ne représentaient que 22 à 23.000 noms seulement, et le droit d'aînesse, comme la coutume, empêchaient un bon nombre d'enfants de se marier.

De 1804 à 1868, selon Larousse, il a été fait plus de 3.000 anoblissements en soixante-quatre ans, ce qui représente, avec femmes et enfants, 15.000 personnes actuellement. De nombreuses usurpations étaient signalées, surtout sous Louis-Philippe et sous Napoléon III, mais elles ne peuvent dépasser le total effectué sous la troisième République.

En supposant disparues pendant et après la grande Révolution un minimum de 5.000 familles, en ajoutant les 3.000 anoblis depuis, on trouverait un maximum de (22 + 3 — 5) 20.000 noms nobles actuellement. En admettant que chaque nom comprenne trois mâles, on trouve 60.000 familles, qui, à raison de trois membres (femmes et mineurs) chacune, ferait un total actuel de 180.000 nobles. Sur ce nombre, à peine 2.000 familles, soit 18.000 individus, peuvent prétendre à une noblesse directe de quatre siècles. En France, il est bien porté de se dire descendant des croisés ; malheureusement, comme beaucoup des croisés durent vendre leurs biens y compris le nom de leurs terres, ceux qui prétendent en descendre descendent surtout de leurs acheteurs. Enfin, il y a environ 750 à 800 familles nobles, entre les 20.000 citées, qui ne portent point la particule ; plusieurs sont ardemment républicaines, ainsi :

Le Dr Georges Clémenceau (ex-président du conseil) est issu d'une famille noble du Bas-Poitou, anobli en Jehan Clémenceau, imprimeur, par Louis XII ; armes parlantes : d'azur à deux clefs d'argent passées en sautoir.

L'ex-président Sadi-Carnot, petit-fils de Lazare Carnot (l'organisateur de la victoire), comte du premier Empire, est issu d'une ancienne et célèbre famille de noblesse de robe, avant 1789, en Bourgogne.

Les Garnier étaient nobles en 1789. Le marquis Germain Garnier-Pagès fut pair de l'Empire et de la Restauration.

Jacques Périer refusa la noblesse avant 1789 et Casimir-Périer l'accepte avant 1830.

Jean Cavaignac, père du général-président et ex-conventionnel, fut noble de l'Empire et son frère vicomte sous la Restauration, etc., etc.

Usurpation de la noblesse.

Comme la noblesse étrangère n'est pas reconnue devant l'état civil en France, ceux qui veulent y prendre une particule ont les moyens légaux de l'*adoption*, de la *substitution* et le moyen malhonnête de commettre un faux avec la complicité ordinairement intéressée de l'officier de l'état civil, maire ou secrétaire de mairie. Si le gouvernement faisait une enquête, il serait étonné du nombre de citoyens qui ne reculent pas devant la responsabilité d'un faux de l'état civil pour allonger leur nom au moment d'un mariage ou d'une naissance.

La substitution.

Un grand nombre de familles nobles n'existent plus aujourd'hui qu'au moyen de substitutions réservées au roi par l'édit du 20 mars 1572 et au Conseil d'Etat depuis 1871. Mais il est beaucoup plus facile de l'obtenir aujourd'hui qu'avant 1789; on relève ainsi à son profit le nom de sa femme, soit de ses ascendants après une simple enquête judiciaire. C'est ainsi que les ducs de Brancas (Hibon de Frohen), de Richelieu (La Chapelle de Jumillac), de Sabran (de Pontevez), de Choiseul-Stainville (Marmier), pour ne citer que quelques anciens ducs, se transmettent à la postérité. La substitution est chose courante en Espagne, où le mari prend souvent le nom de sa femme parce que plus illustre, mais peu fréquente dans les autres pays. Certains auteurs approuvent la substitution qui permet de conserver les noms illustres dans l'histoire; pourraient-ils affirmer que les descendants de la substitution porteront ce nom avec le même éclat ou au moins avec la même dignité?

Usines héraldiques.

Les usines héraldiques, que sont certains nobiliaires, comportent 40 à 45.000 familles, soit près de 400.000 nobles en France (3 × 3 × 45), soit plus du double que ne comporte la réalité.

Pour l'étranger, c'est la même chose. En Italie, l'ancien royaume des Deux-Siciles lui fournit plus de ducs et de marquis qu'il ne lui en faut pour la consommation de toute la péninsule. En Russie, le Caucase conquis se venge en inondant la métropole de ses princes; en Pologne, il y a des villes et des villages anoblis en bloc; en Hongrie, il y a autant de comtes que de tziganes. Enfin, les Etats-Unis nous promettent des merveilles pour le siècle présent, car, à la fin de l'année 1899, ils comptaient déjà 15 descendants d'Alfred le Grand, 30 rejetons illustres des rois écossais et plus de cent autres familles aristocratiques ; bien loin de vouloir importer des nobles, ils commencent même à en fabriquer pour l'exportation.

Il est regrettable de voir le régime républicain en France se livrer, par sa chancellerie, à une fabrication de nobles, en accordant ou en sanctionnant des additions de noms et des concessions de titres.

C'est M. Dulac (ancien banquier) qui substitue légalement à son nom du Lac de Beaujon ; deux ans après, il est devenu comte ! M. Vimal (de Riom) devient Vimal de Fléchac... et ainsi de suite ; M. Boucher devient de Montuel, Vidal devient de Lauzun...

La chancellerie sanctionne en moyenne une quarantaine de titres tous les ans. Elle est, du reste, aidée par le Saint-Siège, qui, moyennant quelques billets de mille, concède tous les titres que l'on désire. Les privilégiés ont beau savoir que leurs titres n'ont pas plus cours que les décorations vendues par Wilson et Cie, ils s'en parent quand même. Enfin, la soif de se distinguer est telle chez certains, qu'ils allongent leurs noms d'une particule dans la vie publique et y accolent un nom qui ne figure pas sur l'état civil, un nom de guerre pour lesquels ils font l'économie d'un achat au pape.

S'il est triste de s'attribuer des mérites qu'on n'a pas, comment qualifier les gens qui s'emparent de la propriété des morts pour en éblouir les vivants? L'histoire marque comme éteints des noms comme : Clisson (1779), du Guesclin (1786), Fouquet de Bellisle (1787), de Pons (1793), de Riquetty de Mirabeau (1796), de Béthune-Sully (1802), de Montmorency (1878), des Balbes ducs de Crillon (1870), de Lusignan, de Lauzun, etc.; pourtant, comme dans *Ames mortes* de Gogol, ces noms sont portés par des gens qui ont osé trafiquer le bien propre des disparus[1];

Si beaucoup de nobles ont encore du sang de preux dans leurs veines, leurs fils en auront bien peu, car ces familles changent de plus en plus leurs blasons contre l'argent international. Or, dans chaque croisement, il rentre dans la composition du sang noble 50 p. 100 d'éléments étrangers. Qu'en reste-t-il, en définitive, au

1. *La Revue*, 1898, 3e trimestre.

bout des croisements multiples? La particule française devient donc un inutile symbole et bien des nobles authentiques préféreraient finir noblement plutôt que submergés par le grotesque des faux nobles ; ils accepteraient facilement que le gouvernement abolisse tous les titres de noblesse et les décorations, à l'égal de la Norvège en 1819, ou du Brésil en 1891, même si l'on devait édifier le lendemain un nouveau patriciat, basé sur le seul mérite, et dont ils ne feraient pas partie.

Comme conclusion de cette première partie, nous pouvons déjà dire que la noblesse est, par la nature de son institution, l'honneur de la patrie et le plus ferme appui du gouvernement. Notre histoire offre des périodes qui jettent le plus grand éclat sur la noblesse française, et nous verrons qu'aucune nation policée n'existe sans notions de noblesse. La noblesse est donc un titre d'honneur qui distingue du commun des hommes ceux qui le portent et les faisait jouir autrefois, dans presque tous les pays, de plusieurs privilèges. Il est donc exact de dire avec Cicéron que la noblesse n'est autre chose qu'une vertu commune.

CHAPITRE IV.

RAISONS ET CONSÉQUENCES DE LA RÉVOLUTION.

Avant la Révolution, les emplois supérieurs de l'armée constituaient une propriété lucrative et se transmettaient par voie d'achat. Un colonel était propriétaire de son régiment ; cette propriété représentait un capital qu'il était intéressé à ne pas exposer à des risques de destruction plus élevés que ne comportait l'exercice ordinaire de son industrie, et ceci d'autant plus que le recrutement des ouvriers de cette industrie — recrutement devenu libre comme celui de la généralité des travailleurs depuis la transformation du servage en une simple sujétion — était difficile et coûteux. D'une autre part, les profits supplémentaires en provenant avaient diminué pour les officiers et les soldats, sous la réprobation de l'opinion, et plusieurs gouvernements avaient conclu des conventions pour améliorer les usages et rendre obligatoire le respect de la propriété privée. Aussi les opérations des armées étaient lentes ; on assiégeait quelques forteresses, on livrait un petit nombre de batailles dans lesquelles les chefs ménageaient autant que possible la vie des soldats coûteux à remplacer.

La Révolution mit fin à ces pratiques humanitaires et économiques[1]. La nécessité de vivre ne tarda pas à la pousser à la guerre, car elle avait provoqué une crise qui avait privé de leurs moyens d'éxistence des milliers d'hommes que les refrains patriotiques ne suffisaient pas à nourrir. L'armée devint un atelier national qui recueillit les épaves des ateliers que la Révolution avait fermés. Elle les nourrit d'abord à coups de réquisitions, mais le pays aurait bientôt cessé d'y suffire; il fallait chercher des ressources au dehors, tout en donnant à l'armée la mission glorieuse de délivrer les peuples du joug de leurs tyrans. La hiérarchie du commandement n'était plus monopolisée par le capital, elle s'était ouverte au travail. D'autte part, la levée en masse, puis la conscription, fournit des hommes en abondance et gratis, permettent au besoin de prodiguer la vie

1. *Théorie de l'évolution*, p. 173. G. de Molinari, éd. 1908.

humaine pour acheter la victoire sans lésiner sur le prix. La propriété privée n'étant plus respectée, les armées de la Révolution se nourrirent aux dépens des peuples étrangers et eurent le droit de récolter un butin qui stimulait leur ardeur.

L'armée nationale.

Parmi les erreurs les plus grossières répandues dans le public grâce aux panégyristes de la Révolution, se trouve celle relative à la popularité de l'armée révolutionnaire dite volontaire et à la gloire dont elle se couvrit sur de nombreux champs de bataille.

C'est sous l'impression de la fable des volontaires que Gambetta et autres fous de la guerre à outrance purent rêver et réaliser ces hécatombes des levées en masse de 1870-1871.

La première levée des volontaires nationaux remonte au décret de l'Assemblée constituante du 21 juin 1791. Les officiers et sous-officiers étaient nommés dans chaque compagnie à la majorité des suffrages, et les lieutenants-colonels par tout le bataillon réuni. Sur 169 bataillons, 60 étaient rendus à destination le 25 septembre. Leur composition et leur valeur fut très inégale. Quelques-uns prirent dans les anciennes troupes provinciales leurs officiers et sous-officiers. Ces bataillons, bien conduits et encadrés, rendirent de bons services; mais dans le plus grand nombre, l'ambition, l'intrigue, la camaraderie, la vantardise, le jargon révolutionnaire surtout enlevèrent ou égarèrent des suffrages ; dès lors, aucune discipline, instruction ou solidité dans ces corps dont l'inconduite, les meurtres et les pillages furent tristement célèbres.

Le 24 février 1793, la Convention fit une réquisition de 300.000 hommes de dix-huit à quarante ans non mariés ou veufs sans enfants, qu'on voulut amalgamer avec les troupes de ligne dont les cadres étaient très dégarnis. Cela ne fit qu'empirer le mal : le mauvais esprit des révolutionnaires déteignit sur les troupes réglées et acheva de ruiner l'esprit de discipline, car c'était souvent sans souliers, sans habits et parfois même sans armes qu'ils se trouvaient.

« On n'improvise pas des soldats, les revers multipliés qui répondirent d'abord aux fanfaronnades des jacobins furent la preuve d'une vérité qu'ils pensaient être contre-révolutionnaire, et cette preuve, ce ne fut pas seulement dans la lutte contre l'Autriche et la Prusse qu'elle éclata, ce fut surtout dans cette lutte gigantesque où la République faillit périr, lutte de volontaires contre volontaires qui s'appelle la guerre de Vendée[1]. » Peu de temps avant de quitter son commandement pour aller à l'échafaud, Ronsin, chef d'une cohue de ces coupe-jarrets, demandait d'établir à la suite de l'armée révolutionnaire plusieurs commissions militaires et des guillotines ambulantes (fait cité par Barrère). « L'administration de cette armée est remplie de brigands qui portaient sur les états des soldats imaginaires dont ils volaient les rations et l'équipement », s'écriait Saint-Just lui-même.

L'insubordination et la désertion en masse étaient de plus en plus à l'ordre du jour dans les rangs de ce ramassis d'hommes que l'on appelait, sans doute par antithèse, des volontaires et qui furent l'opprobre et la ruine de l'armée française jusqu'au jour où le premier

1. *Les Volontaires en 1791-1794*, par Camille Rousset, p. 275 (Paris, 1870).

Empire vint épurer et reconstituer enfin cette vaillante armée sur ses véritables bases.

Guerres étrangères.

La population du royaume variait, suivant les opinions, de 23 à 28 millions d'habitants. De par la tactique adoptée par le grand Carnot, de 1792 à 1800, 2.080.000 hommes furent appelés au service militaire, 720.000 périrent les armes à la main, et la perte monta au double en comptant les blessés et les malades — les soldats citoyens restaient bien « la chair à canon » de l'époque de Louis XIV.

Depuis la fin de 1791 jusqu'en juillet 1793, on nomma et remplaça 593 généraux ; aussi, en quelques mois, les soldats heureux obtenaient plusieurs grades (Lavisse).

Le premier mobile de l'émigration fut d'échapper aux fureurs populaires. Surexcités dès la prise de la Bastille, les « brigands répandus dans les campagnes supposent des ordres du roi, d'après lesquels ils se disent autorisés à rétablir l'égalité dans les fortunes », selon Vergniaud.

Le deuxième fut de venir en aide au roi en organisant une armée de défense sociale hors du royaume.

Il est faux de dire que les émigrés ont poussé l'Europe à déclarer la guerre à la France républicaine et que les souverains étrangers ont envahi de leur propre mouvement notre pays, auquel ils ne songeaient nullement. C'était l'opinion même de Ruhl, Robespierre, Brissot, etc. (*Moniteur* du 28 novembre, 3, 30 et 31 décembre 1791).

« Ce furent les Jacobins, les Girondins et les Terroristes, qui, dans l'intérêt de leur ambition et de leurs théories, firent déclarer la guerre à l'Europe pacifique en face de la Révolution française, si bien que, loin d'être lancée dans cette effroyable guerre de vingt ans par le désir d'envahir le sol de la France, l'Europe s'y résolut à regret, mais par nécessité, afin de défendre son propre sol, ses propres institutions, ouvertement, officiellement, matériellement mis en péril par les forces militaires de la démagogie[1]. »

1. A. Granier de Cassagnac, *Histoire du Directoire*, tome I, page 416.

« Domptons nos ennemis du dedans, s'écriait Robespierre, — guerre aux conspirateurs et au despotisme » et ensuite marchons à Léopold, marchons à tous les tyrans de la terre... » « C'est la cause des peuples que vous embrassez, proclamait Vergniaud, c'est aussi pour eux qu'est écrite la Déclaration des droits... Jadis les rois ambitionnaient le titre de citoyen romain, il dépend de vous de leur faire envier le titre de citoyen français. La loi de l'égalité doit être universelle. » (*Moniteur*, 11 janvier 1792.)

Raisons économiques de la Révolution.

« Il y avait en 1789 environ 270.000 privilégiés, dont 140.000 dans la noblesse et 130.000 dans le clergé; or, la France ayant alors 27.000 lieues carrées et 26 millions d'habitants, on pouvait compter une famille noble par lieue carrée et par mille habitants, une famille étant censée comprendre cinq personnes, le fils du propriétaire de fief ne votant qu'à partir de vingt-cinq ans[1]. »

1. *Les origines de la France contemporaine*, p. 11, par Taine, éd 1876.

« Les Français ont fait en 1789 le plus grand effort auquel se soit jamais livré aucun peuple afin de couper pour ainsi dire en deux leur destinée et de séparer par un abîme ce qu'ils avaient été jusque-là de ce qu'ils voulaient être désormais. Dans ce but, ils ont pris toutes sortes de précautions pour ne rien emporter du passé dans leur condition nouvelle : ils se sont imposé toutes sortes de contraintes pour se façonner autrement que leurs pères; ils n'ont rien oublié enfin pour se rendre méconnaissables[1]. Le régime qu'une révolution détruit vaut presque toujours mieux que celui qui l'avait immédiatement précédé et le moment le plus dangereux pour un mauvais gouvernement est d'ordinaire celui où il commence à se réformer. Tout ce qu'on ôte alors des abus semble même découvrir ce qui en reste. En 1780, il semblait qu'il n'y avait plus de bornes aux progrès de la France : respect de l'opinion publique, accroissement rapide de la population et de la richesse. » Pourquoi donc se fit-elle ?

La division de la propriété foncière ne date

1. *Ancien régime et révolution*, par A. de Tocqueville (préface). Calman-Lévy, éd. 1877.

pas et n'a pas été produite par la Révolution, le contraire est prouvé. Vingt ans au moins avant elle, des Sociétés d'agriculture déplorent déjà que le sol se morcelle outre mesure. La division des héritages, dit Turgot vers le même temps, est telle, que celui qui suffirait pour une seule famille se partage entre cinq et six enfants. Les enfants et leurs familles ne peuvent plus, dès lors, subsister uniquement de la terre. Necker écrit, quelques années plus tard, qu'il y avait en France une immensité de petites propriétés rurales. La moitié du sol de la France appartenait en propre aux paysans et cet état de choses ne se trouvait dans aucun autre pays.

L'état du peuple ne lui permit pas de bénéficier de la Révolution. En effet, l'assemblée provinciale de la haute Guyenne, parlant des paysans dont elle plaide chaudement la cause, les nomme, en 1789, des êtres turbulents, ignorants et grossiers, et des caractères rudes et indociles. Turgot, qui a tant fait pour le peuple, ne parle guère autrement, de même que Jean-Jacques Rousseau et tout le monde. « Vingt millions d'hommes et davantage avaient à peine dépassé l'état mental du Moyen-âge ;

c'est pourquoi, dans ses grandes lignes, l'édifice social qu'ils pouvaient habiter devait être du Moyen-âge[1]. »

Le seigneur n'est, quinze ans avant la Révolution, qu'un habitant que des immunités et des privilèges séparent et isolent de tous les autres ; sa condition est différente, non son pouvoir, car il ne gouverne plus les paysans, si ce n'est parfois comme justicier ; ce n'est plus que le premier habitant, comme disent les intendants dans leurs lettres à leurs subdélégués[2]. Si les restes des droits féodaux, beaucoup moins lourds en France qu'en Angleterre, en Allemagne ou dans le reste de l'Europe, ont excité une haine si forte en France, cela semble surtout venir de ce que le paysan français était devenu propriétaire foncier, et, d'autre part, qu'il avait entièrement échappé au gouvernement de son seigneur. Dans les temps féodaux, on considérait la noblesse à peu près du même œil dont on considère aujourd'hui le gouvernement : on supportait les charges qu'elle imposait en vue des garanties qu'elle donnait. Les

1. L'*Ancien Régime*, p. 278, Taine.
2. A. de Tocqueville, *id.*, p. 44.

nobles avaient des privilèges gênants; ils possédaient des droits onéreux, mais ils assuraient l'ordre public, distribuaient la justice, faisaient exécuter la loi, venaient au secours du faible, menaient les affaires communes. A mesure que la noblesse cesse de faire ces choses, le poids de ses privilèges paraît plus lourd et leur existence même finit par ne plus se comprendre.

En lisant les cahiers que dressèrent les trois ordres avant de se réunir en 1789, et en réunissant tous ces vœux particuliers, on s'aperçoit avec une sorte de terreur que ce qu'ils réclament es. l'abolition simultanée et systématique de toutes les lois et de tous les usages ayant cours dans le pays, et l'on voit sur-le-champ qu'il va s'agir d'une des plus vastes et des plus dangereuses révolutions qui aient jamais paru dans le monde.

Le peuple français n'eut jamais rien à redouter de la Bastille, réservée aux personnes de condition et leur offrant un séjour relativement fort agréable. Pourquoi l'anniversaire du lâche massacre de sa faible garnison est-il le jour de la fête nationale française[1]?

1. *Les légendes et les archives de la Bastille*, par Funck-Brentano. Paris, 1909.

Conséquences de la Révolution.

Sur 577 députés du Tiers à la Constituante, il y avait, selon Taine, 373 avocats inconnus et gens de loi d'ordre subalterne. L'Assemblée législative a fait en onze mois et demi 1.712 lois; et la Convention nationale, depuis le premier jour de la République jusqu'au 4 brumaire an IV (28 octobre 1795), a fait en cinquante-sept mois 11.210 lois; telle était la démence de ces législateurs. Le pouvoir de l'argent était, entre 1751 et 1790, en moyenne le double de ce qu'il est aujourd'hui. L'abolition des droits féodaux touchait peu la classe des simples travailleurs; elle ne profitait qu'aux détenteurs de propriété roturière, qui étaient souvent des nobles.

Le marquis d'Argenson raconte dans ses mémoires que Law lui disait un jour : « Jamais je n'aurais cru ce que j'ai vu quand j'étais contrôleur des finances. Sachez que ce royaume de France est gouverné par trente intendants. Vous n'avez ni parlements, ni états, ni gouverneurs; ce sont trente maîtres des requêtes commis aux provinces de qui dépendent le malheur ou le bonheur de ces provinces, leur abondance ou leur stérilité. » La centralisation administrative est donc une institution de l'ancien régime, et non pas l'œuvre de la Révolution et de l'Empire, comme on le dit ; car tous les pouvoirs se réunissaient au conseil du roi, et le maniement des affaires intérieures est confié aux soins d'un seul agent, le contrôleur général. A. de Tocqueville prouve que la tutelle administrative, la justice administrative et la garantie des fonctionnaires, de même que la prépondérance de la capitale, la ressemblance de goûts et de manières des diverses classes françaises, leur jalousie les unes pour les autres, proviennent de l'ancien régime ; il en est de même pour les lenteurs de la procédure administrative, la multiplicité des fonctionnaires et leur solidarité, l'amour de la statistique, etc. M. G. Le Bon trouve la Révolution la continuation logique de la monarchie absolue ; Louis XIV n'en eût réprouvé que les formes, et le collectivisme sera, selon lui, le développement complet, l'apogée de la monarchie.

La taille, le vingtième et la capitation étaient les impôts personnels pas plus inquisiteurs que l'impôt sur le revenu ; les impôts alimentaires, surtout celui sur le sel, et les impôts indirects étaient affermés à des fermiers généraux, pas plus chicaneurs que nos agents de contribution actuels.

La taille est devenue la contribution foncière, la gabelle est l'impôt sur le sel ; les aides, contributions indirectes et droits réunis, se sont appelées patentes. Une des fonctions essentielle des hommes d'État consiste donc à baptiser de mots populaires ou au moins neutres les choses que les foules ne peuvent supporter avec leurs anciens noms. C'est en invoquant la liberté et la fraternité, mots très populaires en 1791, que les jacobins ont pu, selon Taine, installer un despotisme digne du Dahomey, un tribunal pareil à celui de l'Inquisition, des hécatombes humaines semblables à celles de l'ancien Mexique.

Enfin les corporations supprimées par la Révolution se rétablissent aujourd'hui sous le nom de syndicats.

Une subversion pendante.

« Le ministre, dit M. Chardon, maître des requêtes au Conseil d'État, représente parmi nous l'autorité absolue du souverain, son pouvoir exécutif; il est un douzième de roi ou d'empereur, il jouit de pouvoirs dictatoriaux à peu près absolus dans toutes les questions de la politique courante et pratique. Il nomme ou fait nommer (par le président de la République) à tous les emplois, à toutes les promotions; il signe toutes les solutions que préparent ses bureaux aux affaires de leur ressort. Comment aurait-il le loisir de s'éclairer sur ces centaines de choix, de décisions qu'il doit prendre chaque jour? Son autorité est inévitablement aveugle. Pour la même raison, elle est pratiquement irresponsable, ce qui ne l'empêche point de couvrir toutes les sottises, toutes les iniquités commises par le personnel subordonné. Voici vingt-trois ans que je suis dans les fonctions publiques. J'ai vu commettre bien des erreurs et quelques fautes; je n'ai jamais encore vu aucun fonctionnaire efficacement responsable de quoi que ce soit, devant qui que ce soit. Notre organisation administrative est un anachorisme à l'époque où nos services publics comportent 300.000 agents[1]. »

1. *L'administration de la France*, par M. Chardon. Perrin, 1908.

Dans l'exposé des motifs du budget de 1908, il est dit qu'au 1er janvier 1907 il y avait en France 608.511 fonctionnaires de l'État et 262.078 fonctionnaires des départements et des communes, soit au total 870.589 fonctionnaires.

Le 3 août 1789, Malhouet disait à l'Assemblée nationale : « Un grand nombre d'emplois ou de fonctions publiques doit être supprimé ou réduit. Il n'existe dans aucun état policé, et nous ne trouvons dans l'histoire d'aucun peuple une aussi grande quantité d'officiers publics et d'employés de tous genres à la charge de la société. » En 1845, il y avait en France 185.000 fonctionnaires qui coutaient 245 millions. Que dirait Malhouet aujourd'hui? En 1910, après addition des débitants de tabac de première classe, des employés des chemins de fer de l'État, des ouvriers des arsenaux et des manufactures militaires, il y a plus de 1 million de fonctionnaires, non compris les retraités, également soumis à l'omnipotence anonyme de l'État.

Lactance raconte que sous Dioclétien il y avait à Rome plus de fonctionnaires que de contribuables. « Leur nombre augmentait chaque jour, et toute activité, tout travail productif sombrait autour d'eux. De cette attraction exercée par les fonctions publiques résulta la plus effroyable dépopulation dont l'histoire se souvienne [1]. »

Du salariat ou servage actuel.

Le citoyen ne fut affranchi par la Constituante en France et partiellement déchargé de sa vassalité au dehors que pour retomber dans une condition plus pesante et plus précaire. L'ancien régime lui avait refusé la propriété du sol arable ; le nouveau le dépouilla, en vertu d'une évolution automatique, de son instrument de travail et lui dénia la propriété de la machine. Ce citoyen, exproprié de tout droit pratique, demeuré seulement le ridicule détenteur d'attributs théoriques et qui juraient par leur majesté avec la grande détresse où il se débattait, fut subordonné aux nouveaux propriétaires, comme il avait été dominé par leurs prédécesseurs. Il y eut encore une fois des possédants et des non-possédants.

Les seigneurs changèrent de nom et s'appe-

1. A. Dumont, *Dépopulation et civilisation*, p. 186.

lèrent les capitalistes, les grands banquiers, les grands industriels, les administrateurs de sociétés par actions; les serfs et les mainmortables changèrent aussi de nom et s'appelèrent les salariés.

« Des hommes hâves et qui avaient à peine visage humain travaillèrent — comme les paysans de La Bruyère — courbés tout le jour pour gagner quelques sous » ; mais ils n'avaient même plus la joie du plein air, le réconfort des vastes horizons lumineux dans l'atmosphère limpide et saine. Plongés dans des miasmes redoutables, guettés par l'intoxication saturnine ou par la tuberculose, enserrés entre de grands murs aux trous rares et uniformes, ils manipulaient soit des sels mortels, soit des peaux mal odorantes ou le métal en fusion.

Le libéralisme, qui voulait avoir libéré le monde, n'avait opéré en 1789 qu'une œuvre illusoire et qui croulait de toute part. Dans la société contemporaine, la déclaration des Droits de l'homme et du citoyen est enfouie sous l'accumulation énorme des institutions qui ont restauré le privilège, organisé le monopole, tué l'égalité. Mais beaucoup de gens s'imaginent encore que l'État moderne sort de la subversion de 1789. Ils se grisent de grands mots, se bercent de formules sonores. Ils n'ont pas encore compris la portée supérieure de certains faits, qui leur semblent médiocres et négligeables. Et voilà pourquoi ils s'étonnent devant les revendications nouvelles, qui montent des foules en une clameur croissante. Novicow, dans *Les Gaspillages des sociétés modernes*, trouve que les classes dirigeantes (bourgeoisie et aristocratie) actuelles ont plus asservi les autres citoyens et ont davantage acculé les nations à une banqueroute politique, économique, financière et sociale que la noblesse d'avant 1789.

L'homme n'est porté à ne considérer comme lui appartenant en propre que ce qu'il a réellement pris, conquis les armes à la main, par la violence guerrière, que ce qu'il sait garder de la même façon qu'il l'a conquis : la propriété c'est au figuré la conquête continue. Autrefois il s'agissait de provinces; aujourd'hui l'enjeu est le capital, mais les conditions de la lutte sont historiquement restées les mêmes, et s'il est vrai qu'une province mal défendue soit une province perdue, le capital qui s'abandonne est une proie désignée à l'appétit du plus vaillant.

DEUXIÈME PARTIE.

L'ARISTOCRATIE A TRAVERS LE MONDE.

CHAPITRE PREMIER.

SES AVANTAGES ET DÉFAUTS MUNICIPAUX.

Proverbes. — Le mot « aristocratie » vient du grec : *aristos*, excellent. et *kratos*, pouvoir. Voici quelques jugements sur elle :

Les familles aristocratiques doivent être peuple autant que possible. (MONTESQUIEU.)

Je ne suis ni aristocrate, ni démocrate, ni pour les grands ni pour le peuple, mais pour l'humanité entière. (LAMARTINE.)

Vous prononcez ce mot aristocrate comme si vous disiez : goujat, et c'est tout le contraire. (E. SUE.)

Dans la danse infernale de la Révolution, ceux qui l'avaient créée, aux dépens de leur vie et de leurs biens, furent déclarés aristocrates.

Tour à tour, Mirabeau, Barnave, Bailly, La Fayette, Dumouriez, Danton... et jusqu'aux porteurs d'eau (dénoncés par Hébert le 22 septembre 1793), furent dénoncés comme aristocrates.

Les rois qui aspirent au despotisme détestent l'aristocratie. (CHATEAUBRIANT.)

Car l'aristocratie est ce qu'il y a de plus opposé au despotisme d'un seul. (DE CUSTINE.)

Il faut rendre à l'ancienne aristocratie française cette justice, qu'elle conserve toujours le sentiment du grand style. (RENAN.)

Il n'y a plus d'autre aristocratie en France que celle des lumières, de la probité, du génie. (LAMARTINE.)

Dans son Traité sur la noblesse, Plutarque commence ainsi : « Quelques sophistes ont décrié la noblesse, refusant de convenir que les hommes, comme certains animaux, sont d'autant meilleurs qu'ils sont sortis d'une meilleure souche. Ils ne veulent pas croire que les parents communiquent à leurs enfants, avec la vie, des germes et des principes de vertu... »

Le plus grand penseur de l'antiquité, Aristote,

admirait le principe aristocratique des constitutions de Lacédémone et de Carthage, tout en leur reconnaissant de graves défauts qui les éloignaient du type tel qu'il l'avait rêvé, mais qu'il ne put jamais rencontrer. Le meilleur des gouvernements, c'était pour lui une République administrée par plusieurs des meilleurs citoyens, où les chefs obéissent fidèlement aux lois établies, où tout est fait en vue du bien public, où ni les hommes adonnés à des travaux serviles, ni ceux qui gagnent leur vie par des fonctions mercenaires, ne peuvent détenir le pouvoir. Plusieurs grands écrivains ont défini l'aristocratie à la manière d'Aristote ; exemple Ciceron, dans le *De republica*, Montesquieu dans *l'Esprit des lois*.

Sa formation.

Plus généralement, quand un peuple triomphait d'un autre moins fort, il s'emparait de son territoire, il s'établissait dans ce nouveau pays comme une sorte de race supérieure, d'une plus noble origine, ayant seule le pouvoir et des droits étendus, ne se mélangeant point à la race soumise : il y avait là une véritable aristocratie de race. Dans les temps présents, des faits analogues existent. Les Espagnols, dans leurs anciennes colonies d'Amérique, forment encore, à proprement parler, des aristocraties de race; il en est à peu près de même dans les colonies hollandaises, anglaises, françaises..., et de là est certainement dérivé, en partie, le préjugé de couleur qui attribue aux blancs une certaine noblesse vis-à-vis des métis et surtout des noirs, et qui va aux Etats-Unis jusqu'à la prohibition du mariage, et même l'interdiction de l'émigration pour les races jaunes.

Les aristocraties de race existent surtout à l'origine des sociétés; mais au bout d'un siècle ou deux, le souvenir de l'invasion et de la conquête (à moins que perpétué par un régime politique de castes, comme dans l'Inde ou l'Egypte ancienne, ou maintenu par un régime politique immuable, comme dans Sparte antique ou en Chine moderne pour la race Mandchoue) se perd peu à peu; les familles s'étendent et se divisent; les circonstances font entrer dans l'aristocratie des hommes qui y étaient étrangers par la naissance; ainsi se forme une « aristocratie terrienne » dans les Etats qui ont subi une conquête. C'est elle qui dirigeait Athènes, c'est elle qui constitue la féodalité dans presque toute l'Europe, c'est elle qui se substitue en Angleterre à l'aristocratie de race, c'est elle, enfin, qui se forme maintenant au Mexique et qui constituera dans une génération ou deux le meilleur des races algérienne, sud-africaine, etc.

Toutes les aristocraties terriennes ou familiales ont pour essence une supériorité admise, transmise par l'hérédité. C'est donc du passé que toutes se réclament, c'est au passé que toutes se reportent et se rattachent : elles sont donc opposées aux bouleversements et aux innovations que désire la foule, souvent capricieuse et violente, parce qu'elle n'a d'espérance que dans les changements à venir. De là, dans les Etats où l'aristocratie est puissante, une longue tradition rattachant le présent au passé, un grand esprit de conservation, une stabilité, une politique le plus souvent ferme et constante, beaucoup de suite dans les desseins. On a assez judicieusement comparé l'aristocratie au lest emporté par un navire et qui l'empêche d'aller à la dérive, au gré des vents et des flots. Un autre mérite, c'est que le goût, l'habitude, la connaissance des affaires publiques s'y transmettent comme de génération à génération.

Leurs traditions.

« C'est un avantage, dit Pascal, que la qualité, qui, dès 18 ou 20 ans, met un homme en passe d'être connu et respecté comme un autre pourrait avoir mérité à 50 ans ; c'est 30 ans de gagnés sans peine. » Dès l'enfance, les fils de famille peuvent ainsi s'initier près de leurs pères à la connaissance des hommes, à l'étude des choses politiques, au maniement du pouvoir ; ils sont capables, dès leurs débuts dans les carrières qui leur sont réservées, d'apporter des connaissances acquises d'autrui et une sorte d'expérience précoce.

Burke écrivait au duc de Richmond : « Vous autres, gens de grande maison et de grande fortune héréditaire, vous ne ressemblez pas à des hommes nouveaux comme moi. Quelque forts que nous puissions devenir, quelles que soient la dimension et l'exquise saveur de nos fruits, nous n'en sommes pas moins des plantes annuelles ; nous naissons et nous mourons dans la même saison. Mais en vous, si vous êtes ce que vous devez être, mon regard se plaît à reconnaître ces grands chênes qui ombragent toute une contrée et qui perpétuent ces ombrages de génération en génération. Le pouvoir et l'influence personnelle d'un duc de Richmond ou d'un marquis de Buckingham importent peu. Ce qui importe, c'est que leur conduite et leurs exemples soient de nature à transmettre la tradition de leurs ancêtres à leurs successeurs. Alors leurs maisons deviennent le dépôt public et les archives vivantes de la constitution, non pas, comme à la tour de Londres et à la chapelle du cloître de Westminster, dans des parchemins effacés, sous des lambris humides et vermoulus, mais dans la robuste vigueur, l'énergie vitale, la féconde puissance du caractère des hommes qui fixent tous les regards et dominent toutes les têtes. »

Ces hommes attachés aux traditions d'un passé glorieux, ayant l'habitude d'exercer le pouvoir, se croyant d'une plus noble origine que les autres citoyens, ont un sentiment de fierté et d'honneur très élevé : ils considèrent qu'avec les biens et les droits, leurs ancêtres leur ont transmis des devoirs à remplir et un nom qui doit rester sans tache ; une souillure équivaudrait à une forfaiture, à une déchéance. « Noblesse oblige », dit le vieux proverbe, et les souvenirs de famille, les images des ancêtres commandaient aux patriciens de Rome comme aux barons féodaux la bravoure sur les champs de bataille, l'énergie du caractère, la dignité dans la vie privée. Ces hommes n'ont rien à demander à personne ; leur grande situation leur rend inutile les ambitions mesquines et les petites intrigues ; ils sont indépendants et leur conscience ou l'opinion de leurs pairs peut seule les juger. L'histoire romaine est pleine de ces grandes et mâles figures de patriciens, durs aux autres et à eux-mêmes, aussi remarquables par leur héroïsme sur les champs de bataille que par leurs vertus civiques. Les sociétés féodales, y compris les daïmios japonais, Venise, l'Angleterre, en fourniraient aussi de très nombreux exemples.

Dans ces familles où se forme si naturellement le caractère des hommes se forment aussi les manières de l'esprit ; le seul sentiment de sa supériorité donne à l'enfant de très bonne heure une grande aisance de manières. Son esprit s'ouvre plus facilement que celui du pauvre qui n'a devant lui qu'un horizon restreint ; sa vie n'est point bornée aux choses matérielles ni tourmentée par la nécessité de pourvoir aux besoins de chaque jour. Le noble a toutes sortes de loisirs pour l'exercice de la pensée ; il a toutes sortes de ressources pour développer son intelligence et acquérir le savoir ; il a des maîtres qui s'occupent constamment de lui ; il a des livres en grand nombre, il est entouré de choses qui lui inspirent le goût du beau ; les voyages, qui lui sont faciles, lui permettent de comparer les hommes et les choses. Dans une situation si haute et si privilégiée, il semblerait que les membres d'une aristocratie devraient être toujours supérieurs aux individus de naissance obscure, et il est vrai que dans l'ensemble les aristocraties ont été favorables à la formation du langage et des manières, à la culture des lettres et des arts ; il est vrai que toute société où les grands ont dominé s'est signalée par un caractère particulier d'élégance. L'aristocratie, par suite de son origine considérée comme plus noble, de la solidité de ses traditions, de son habileté politique, de la grandeur et de la mâle énergie de ses membres, de leur éducation brillante et de leur manières, a toujours plus ou moins ébloui les hommes des autres classes ; elle a eu, par suite, un certain rôle théâtral, imposant, qui fascinait la multitude. Le prestige qui environne les aristocraties se remarque au sein de toutes les sociétés.

Ses défauts.

A ces avantages et à ces qualités de l'aristocratie confinent naturellement des défauts et des inconvénients, produits par l'exagération même des caractères qu'elle présente. Ainsi l'esprit de conservation porté à l'excès aboutit à l'immobilité, la fierté et l'énergie tendent à la violence et à l'arrogance, la bravoure à un raffinement d'honneur, les manières et l'élégance au luxe et à l'efféminement. Il est utile, sans doute, et même nécessaire, qu'une société ne rompe pas brusquement avec les institutions et les mœurs du passé, mais il ne faut pas non plus qu'elle cesse de marcher et de se développer. Le progrès, par suite de l'évolution des institutions et des mœurs, est chose indispensable, mais rarement les aristocraties ont compris cette loi fatale : celle de France disparut presque pour n'avoir su s'entendre ni avec la royauté ni avec les communes, et ses représentants, en 1789, furent emportés par la Révolution que la noblesse n'avait pas su prévoir.

L'aristocratie romaine, au contraire, et, à son image, l'aristocratie anglaise actuelle, qu'elle fût victorieuse ou vaincue dans les luttes contre les plébéiens, savait céder à temps quelques-unes de ses prérogatives pour conserver les autres, et elle dut à cette manière de faire de se maintenir au pouvoir. Mais, ordinairement, l'esprit de tradition et l'admiration du passé sont tellement ancrés dans l'intelligence des grands, que les débris des aristocraties d'autrefois forment le parti de la réaction dans les Etats modernes. Les histoires des aristocraties anciennes sont souillées du récit de leurs excès et de leurs violences, et les légendes populaires sont pleines de la terreur et de la haine des grands. Le sentiment d'honneur qui anime d'abord ces hommes puissants dégénère de même. Quand ils n'ont plus la guerre pour dépenser leurs forces et leur turbulence, ils deviennent d'humeur querelleuse : un rien les irrite et leur paraît une grave insulte, des duels sans nombre ou des guerres privées entretiennent le goût des armes et l'habitude de verser le sang. La France a connu un grand nombre de ces raffinés, surtout au seizième et au dix-septième siècles.

De même la politesse des manières, l'élégance, le goût des belles choses dégénèrent bien vite.

Les hommes de la plus grande fortune se ruinent pour paraître et il vient à leur manquer alors cette richesse qui est aussi une puissance. Ceux du temps de Louis XIV et de Louis XV abandonnent leurs domaines pour vivre à Versailles, dans l'atmosphère de la cour, au milieu du luxe et des fêtes continuelles, et tandis que leurs propriétés restent en friche ou mal cultivées, ils deviennent besogneux, avides d'argent, disposés à s'en procurer par les moyens les moins nobles. Ils ont encore quelques qualités brillantes, séduisantes, mais ce n'est plus qu'une sorte de vernis qui ne recouvre aucun mérite solide : ils ne sont plus, à vrai dire, une aristocratie, ils sont seulement une noblesse. Leurs privilèges, qu'ils ont en partie gardés, ne sont plus justifiés par des services rendus et les rendent odieux aux classes inférieures, et un jour le seul nom d'aristocrate devient un motif d'accusation et une dénonciation haineuse. Ainsi a sombré en France l'aristocratie de naissance, presque partout elle a péri de même, et bien plutôt à cause de son arrogance, de ses cruautés, de ses mœurs tyranniques, que pour des raisons d'ordre politique.

De l'oligarchie.

Les gouvernements aristocratiques proprements dits, c'est-à-dire les gouvernements où il n'y a point de monarque et où le peuple n'a point de part au pouvoir, sont mieux désignés sous le nom d'oligarchies, c'est-à-dire Etats où un petit nombre de citoyens ont le pouvoir. Ces régimes exclusifs furent en Grèce, presque partout, une forme de transition entre la monarchie et la démocratie; la plupart des petites cités préférèrent ensuite le gouvernement d'un seul, la tyrannie, comme on disait, à l'oppression des riches. De même à Carthage et à Rome, quand les rois furent chassés, ce fut d'abord au profit seul des patriciens; dans la suite, la plèbe de Rome accepta volontiers l'empire qui courbait toutes les têtes sous une servitude égale, par haine des grands. En France, le tiers-état soutint vigoureusement la royauté dans sa lutte contre les seigneurs. Au Moyen-âge, la forme oligarchique se rencontre surtout en Suisse et en Italie, à Gênes, Florence et Venise; elle ne tomba qu'en 1797 dans cette dernière ville, et on peut dire qu'elle a été la dernière des oligarchies, cette forme de gouvernement paraissant désormais incompatible avec les idées d'égalité et de liberté pour tous qui prévalent aujourd'hui dans le monde civilisé.

Comment elle doit vivre.

Disons avec Montesquieu que les aristocraties ne peuvent se soutenir que par la modération. Pour qu'elles subsistent, il faut que les grands s'abstiennent de toute pompe et de tout acte orgueilleux qui ferait vivement sentir aux autres classes leur infériorité, qu'il n'y ait point de loi qui marque d'une façon absolue cette subordination (comme à Rome l'interdiction du mariage entre patricien et plébéien), qu'il n'y ait point de privilèges pour les grands en ce qui concerne les impôts (un impôt sur le revenu semble préférable à un système qui permet à de richissimes citoyens des Etats-Unis de n'en presque pas payer), que le Trésor soit bien administré au profit du peuple et non pour enrichir quelques-uns, qu'il ne soit pas administré par les puissants qui pourraient devenir suspects de péculat, et qu'il y ait enfin une magistrature chargée de réprimer dans l'aristocratie l'orgueil de domination. Ces qualités ont fait durer jusqu'à nos jours l'aristocratie anglaise et lui assurent même dans l'avenir une influence et un rôle considérable. D'abord, elle a des biens immenses, que le droit d'aînesse a maintenus intacts, et elle s'est adonnée à la culture de ses terres avec un soin particulier; l'absentéisme est un cas rare et les populations agricoles ont toujours vu leurs maîtres à l'œuvre au milieu d'elles. Ces nobles ne se sont pas attardés dans l'admiration exclusive du passé; ils ont combattu avec la classe populaire pour forcer la royauté à l'observation des lois, ils ont su corriger les abus et constituer le régime parlementaire. Ils ont donné au pays, par des réformes sneccessives et par des mesures non violentes, la plupart des libertés et des droits que la Révolution de 1789 a donnés à la France en un jour de tourmente suivi de nombreuses réactions. Ils aiment peu la société et ce que l'on appelle ailleurs les plaisirs; ils ne se sont jamais désintéressés des choses publiques auxquelles ils consacrent le temps que ne prend pas la surveillance de leurs domaines, et le sérieux naturel de leur esprit les y porte comme jadis les patriciens de Rome. Ils se tiennent au courant de toutes les questions de quelque importance et ne dédaignent ni le commerce ni l'industrie. Cette aristocratie n'est pas oppressive ni trop exclusive, elle se recrute incessamment dans les classes inférieures, appelant à elle les hommes éminents par leur mérite personnel, leur savoir, leur fortune, les services rendus.

« Elle a compris que la pureté de la race est une utopie, puisque chacun de nous tire son origine à la vingtième génération de un million d'ancêtres, n'hérite de chacun que pour moins d'un millionième[1]. »

Nous constatons donc que la supériorité d'une famille sur les familles environnantes est toujours née d'un prestige individuel, et qu'elle devient aristocratique quand la supériorité individuelle en question est censée avoir été transmise par l'hérédité.

« Enfin, que la noblesse n'est pas plus que l'aristocratie : naissance, fortune, titres ou dé-

1. *Etude sur le droit de succession,* Vacher de Lapouge.

corations. L'aristocratie est la participation héréditaire au pouvoir législatif. La noblesse est le service héréditaire du pouvoir exécutif. Ainsi l'aristocratie partage le pouvoir, la noblesse le sert[1]. »

1. *Considérations sur la Révolution française*, De Bonald, p. 124.

CHAPITRE II.

CHEZ LES PEUPLES ANCIENS.

Toutes les nations de la terre ont eu dans leur sein une caste privilégiée, regardée par l'opinion comme plus pure que les autres classes. Trois fonctions sociales ont surtout été monopolisées par cette caste : les armes, le sacerdoce, l'action judiciaire.

En Chine, la noblesse héréditaire existait pour les membres de la famille impériale, les descendants de Confucius et quelques familles privilégiées : l'aristocratie s'y composait des fonctionnaires, mandarins civils ou militaires, dont les rangs furent rigoureusement marqués par les emplois et formait une noblesse personnelle des gens de lettres. Elle comprenait treize générations seulement, et en reculant, la première était la meilleure, la treizième la dernière et la plus faible, ce qui semble très juste.

Les Indous sont encore aujourd'hui divisés en castes, à peu près comme ils l'étaient il y a 4000 ans. Le fond indigène appartenait au type noir, les classes moyennes aux races jaunes et les castes supérieures à la race caucasique modifiée par le climat.

« Sans l'admirable régime des castes, la petite poignée d'Aryens qui envahit l'Inde, il y a 3000 ans, se fût vite noyée dans l'immense foule des populations noires qui l'enveloppait de toutes parts, et aucune civilisation ne fût née dans le sol de la grande péninsule. Si de nos jours les Anglais n'avaient pas conservé en pratique le même système et avaient consenti à se croiser avec les indigènes, il y a déjà longtemps que le gigantesque empire de l'Inde leur aurait échappé[1]. »

En Perse, l'aristocratie était militaire; chez les Egyptiens, c'était le clergé; au Pérou, au Mexique, dans les Indes orientales... partout se trouvent des traces d'une noblesse datant de vingt siècles avant l'ère chrétienne.

1. *L'évolution psychologique des peuples*, par G. Le Bon, p. 48. Paris.

La Cité antique.

Pour bien connaître et juger les peuples de l'antiquité, quelques citations tirées du très beau livre de M. Fustel de Coulanges s'imposent.

Il réunit (introduction) dans la même étude les Romains et les Grecs, parce que ces deux peuples, qui étaient deux branches d'une même race et qui parlaient deux idiomes issus d'une même langue, ont eu aussi les mêmes institutions et les mêmes principes de gouvernement et ont traversé une série de révolutions semblables.

La Cité antique (p. 270), comme toute société humaine, présentait des rangs, des distinctions, des inégalités. On connaît à Athènes la distinction originaire entre les Eupatrides et les Thétis ; à Sparte se trouve la classe des Egaux et celle des Inférieurs ; en Eubée celle des Chevaliers et celle du Peuple. On peut même remarquer que plus on remonte dans l'histoire de la Grèce et de l'Italie, plus la distinction paraît profonde et les rangs fortement marqués, preuve certaine que l'inégalité ne s'est pas formée à la longue, mais qu'elle a existé dès l'origine et qu'elle est contemporaine de la naissance des cités. La cité était née de la confédération des familles et des tribus. Or, dans la famille le fils aîné était privilégié (il avait le sacerdoce, la propriété et l'autorité sur tous) ; les branches cadettes de la famille, souvent confondues avec les clients, venaient ensuite, puis les serviteurs, enfin les esclaves. Les plébéiens, venant après les clients, n'avaient ni culte, ni famille, aucune loi ou justice pour eux, et au début ils habitaient même une autre ville.

Les rois (liv. IV, chap. III). A Sparte, un siècle après Lycurgue, les rois n'avaient plus que le privilège du sacerdoce, on leur avait enlevé la justice, les relations extérieures et les opérations militaires. La royauté fut d'abord à Rome ce qu'elle était en Grèce. Le roi était le grand prêtre de la cité ; il était en même temps le juge suprême ; en temps de guerre il commandait les citoyens armés. A côté de lui étaient les chefs de la famille « *patres* » qui formaient un sénat. Le roi, pour augmenter son pouvoir et s'affranchir de l'autorité du sénat, se fait aimer des classes inférieures comme en Grèce, et l'aristocratie songe aussitôt à abolir la royauté et y réussit sous le septième roi, Tarquin le second, renversé malgré les plébéiens par une conjuration des patriciens.

Lorsque les rois eurent été partout vaincus et que l'aristocratie devint maîtresse, le peuple ne se borna pas à regretter la monarchie, il aspira à la restaurer sous une forme nouvelle et réussit souvent à se donner des chefs qu'il appela tyrans ne pouvant les appeler rois, car ce titre impliquait l'idée de fonctions religieuses et ne pouvait être porté que par des familles sacerdotales. « Le tyran, dit Aristote (*Politique*, chap. v), n'a pour mission que de protéger le peuple contre les riches; il a toujours commencé par être un démagogue et il est de l'essence de la tyrannie de combattre l'aristocratie. Le moyen d'arriver à la tyrannie est de gagner la confiance de la foule ; or, on gagne sa confiance en se déclarant l'ennemi des riches. Ainsi firent Pisistrate à Athènes, Théagère à Mégare, Denys à Syracuse ».

L'apparition de la richesse mobilière, puis la frappe des monnaies, amena une grande révolution, une aristocratie plébéienne se forma et une partie des anciens aristocrates tombèrent dans la misère. Plus tard, le régime de la démocratie s'instaure, puis une classe pauvre se forme et s'oppose aux riches. En vertu de l'égalité de droits et de vote, on chargea les riches de toutes les dépenses publiques (liv. IV, chap. XII) ; on les accabla d'impôts, on leur fit construire des trirènes, on voulut qu'ils donnassent des fêtes au peuple. Puis on multiplia les amendes dans les jugements, on prononça la confiscation des biens pour les fautes les plus légères ; enfin, le nombre de pauvres augmentant toujours (les citoyens ne savaient ou ne voulaient travailler puisque les esclaves remplissaient une partie des professions libérales), on décréta l'abolition des dettes, soit une confiscation en masse et un bouleversement général.

Les riches se défendaient par la force ou une extrême habileté. Aristote prétend (*Politique*, VIII, 7, 19, V, 7) qu'ils prononçaient entre eux ce serment : « Je jure d'être toujours l'ennemi du peuple et de lui faire tout le mal que je pourrai. » La démocratie avec les riches au pouvoir étaitdevenue une oligarchie violente et la démocratie des pauvres était devenue une tyrannie qui créa le régime monarchique. Liberté signifiait le gouvernement (république) où les riches avaient le dessus et défendaient leur fortune ;

tyrannie (monarchie) indiquait exactement le contraire[1].

Au siècle dernier, nous avons pu voir une réédition de cette même histoire, en France avec Bonaparte, en Amérique avec les dictatures de généraux présidents amenés au pouvoir par le peuple que les gouvernants de ces nations rendaient misérables.

La révolution scientifique, comme dans l'antiquité la frappe des monnaies, a mené au pouvoir une aristocratie plébéienne que les excès en ont chassée et qui s'y trouve remplacée par une démocratie désireuse de charger les riches de toutes les dépenses publiques, puis de confisquer leurs biens, à moins qu'un bouleversement général amené par la résistance des riches ne vienne lui reprendre le pouvoir.

De l'esclavage au servage.

Il n'est pas douteux que l'esclavage soit devenu dès le seizième siècle un anachronisme moral et économique, mais on peut contester

1. *La Cité antique* par Fustel de Coulanges. Hachette, éd., Paris, 1874.

l'efficacité des moyens mis en œuvre pour l'abolir et se demander même s'ils n'ont pas aggravé la condition des émancipés au lieu de l'améliorer. Mais si l'esclavage perdit alors sa raison d'être, il n'en a pas moins été, pendant une longue suite de siècles, rendu nécessaire par les conditions d'existence de la grande majorité de l'espèce humaine et par l'état de sa mentalité. Soit qu'ils eussent accepté volontairement la domination des hommes forts et courageux des tribus guerrières, soit qu'ils l'eussent subie, l'esclavage favorisait le sort de la multitude en lui donnant la sécurité. Et cet article de première nécessité ne leur coûtait que la différence minime du poids de la sujetion à la coutume de la tribu et à la loi du maître. Cette loi était arbitraire et sanctionnée par de durs châtiments. Mais l'abus que le maître en pouvait faire était limité par son intérêt. L'esclave était presque l'unique instrument de travail à une époque où la force mécanique n'avait pas encore remplacé économiquement la force physique de l'homme, aussi le maître se trouvait-il intéressé à le conserver en bon état et le plus longtemps possible, par conséquent à fournir à ses esclaves la subsistance et l'entretien nécessaires à la conservation de leurs forces, comme aussi à ne point les diminuer par de mauvais traitements. Mais si l'esclavage n'avait seulement été avantageux qu'au maître il n'aurait pu subsister pendant de nombreux siècles.

Si cette discipline, dont le bâton était le véhicule indispensable, habituait l'esclave à un travail régulier, elle ne l'encourageait pas à travailler. Au contraire, il s'épargnait autant qu'il le pouvait des efforts qu'aucun intérêt ne le poussait à multiplier. L'esclavage était donc le mode d'exploitation à la fois le plus onéreux et le moins productif du travail de l'homme. Aussi, lorsque l'esclave fut dressé à un travail régulier et à la maîtrise de ses appétits, un mode d'exploitation plus économique et plus avantageux à la fois à l'esclave et au maître devint possible. Ce fut le régime auquel on a donné le nom de servage et qui subsistait jusqu'au milieu du siècle dernier en Russie.

Le propriétaire divisait son domaine en deux parts. Il se réservait l'une et la faisait cultiver par ses esclaves passés à l'état de serfs, en leur imposant une redevance en travail, une « corvée ». Il distribuait l'autre aux corvéables en mesurant l'étendue de chaque lot à la quantité de travail que l'alloti pouvait lui fournir. Ce régime exonérait le propriétaire de la charge de nourrir et d'entretenir la population asservie, et allégeait pour celle-ci le poids de la servitude, en lui laissant la disposition d'elle-même en dehors du temps de corvée : il était donc également avantageux aux deux parties. L'expérience ayant ensuite prouvé que le travail obligatoire de la corvée était moins productif que celui auquel les serfs se livraient librement et pour eux-mêmes, un nouveau progrès s'accomplit en faisant substituer à la redevance en travail la redevance en nature, puis en argent. Plus tard les serfs industriels, agriculteurs ou commerçants se constituèrent en corporations qui devinrent des foyers de résistance au seigneur, mais qu'il reconnaissait parce que la corporation était responsable du paiement de l'impôt de ses membres.

A ses esclaves, le propriétaire fournissait, en échange de leur travail, la nourriture, l'entretien et la sécurité ; à ses serfs, il fournissait la sécurité, avec la jouissance du lopin de terre, d'où ils tiraient eux-mêmes leur subsistance.

Grèce.

Les Eupatrides (Athènes), les Alenades et les Scopades (Thessalie), les Spartiates (Lacédémone)... les plus puissantes familles d'Argos, de Thèbes, de Corinthe, etc., formaient autant de corps privilégiés en possession exclusive du pouvoir et de la richesse. Thésée, chef des Athéniens, donna chez les Grecs la première idée de noblesse; il distingua les nobles des artisans, choisissant les premiers pour connaître les affaires de la religion et ordonnant qu'ils pouvaient seuls être élus magistrats. Le législateur Solon en usa de même, au rapport de Denis d'Halicarnasse.

La Bible nous transmet le nom et la filiation de tous ceux qui furent grands en Israël.

La Genèse (chap. XXXVI) nous donne les noms des rois et des ducs d'Edon. Le 4me livre du Pentateuque nous apprend qu'une noblesse héréditaire fut instituée en faveur des enfants de Lévi, auxquels les autres tribus payaient la dîme.

Les anciens, Moïse, Homère, Plutarque, Virgile, par exemple, nous ont minutieusement entretenus de leurs hommes illustres, de leurs guerriers, de leurs principaux contemporains. Aristote représentait le gouvernement aristocratique comme le gouvernement parfait.

La plus remarquable des aristocraties grecques fut celle de Sparte. Tout le pouvoir politique et la propriété presque entière y étaient concentrés entre les mains d'une seule classe, composée à l'origine de moins de dix familles et qui, après neuf siècles de domination, lorsqu'elle dut accepter le joug des étrangers, se composait de 700 citoyens. A Athènes, la lutte entre l'aristocratie dominante à la chute de la royauté et entre la démocratie amena l'égalité de tous les citoyens libres, soit 20.000 familles, tyrannisant 400.000 esclaves (car le nombre des métèques, des affranchis et des esclaves dépassait souvent celui des citoyens; ces derniers n'ont jamais compté plus de 150 à 200.000 habitants[1]).

Vers l'an 640 avant Jésus-Christ, Athènes fut gouvernée par un régime aristocratique très fermé, très autoritaire, et au total très dur[2].

1. *Les Démocraties antiques*, par A. Croiset. Paris, 1909, p. 178.
2. *Id.*, p. 48.

La constitution de Solon, après l'an 514, divisa les citoyens en quatre classes, proportionnant leurs droits politiques à leurs richesses et détruisant ainsi le privilège inaliénable de la naissance, la richesse n'étant qu'un fait.

Après Périclès, la constitution athénienne est démocratique jusqu'à l'extrême, jusqu'au paradoxe : en deux mots, le peuple exerce la souveraineté directement, et les magistrats sont le plus souvent désignés par le tirage au sort[1]. Aussi, aux yeux de Platon, les Athéniens sont d'aimables fous dont le peuple est affranchi de toute crainte à l'égard des lois. Cette véritable démocratie, malgré ses nombreux esclaves, dura un siècle et demi seulement ; c'est vraiment peu.

Lacédémone, avec ses deux rois héréditaires, sa « géronsia » aristocratique, ses éphores qui représentaient l'ensemble des citoyens, offrait l'exemple unique en Grèce d'une constitution mixte plus voisine de l'aristocratie que de la démocratie, et qui conciliait assez heureusement les diverses tendances du moment.

1. *Les Démocraties antiques*, par A. Croiset. Paris, 1909, p. 74.

Rome.

Plutarque (*Vie de Romulus*, p. 26; *Vie de Numa*, p. 22) nous apprend que Romulus divisa ses sujets en patriciens et plébéiens et que le Sénat se composa primitivement de 100 membres pris dans la tribu des Ramnès, auxquels on ajouta 100 Sabins ou Litries, lorsque cet élément fut introduit dans la population, puis 100 autres membres surtout Luceres (ou Etrusques). Ces 300 patriciens, représentant la noblesse de race ajoutés aux chevaliers représentant la noblesse d'argent, formèrent le Sénat romain jusqu'à la fin de la République, puisque les parvenus (*homines novi*), témoin Cicéron, devaient être chevaliers avant d'arriver au Sénat (M. de Caix). Au début, le vieux patriciat (noblesse de race) avait le monopole exclusif des charges religieuses, militaires et civiles. Après la retraite du mont Sacré, la qualification de noble s'appliqua à tous ceux qui parvenaient aux magistratures curales, ce qui leur donnait entrée au Sénat et leur conférait le droit d'images (portraits de leurs ancêtres); elle était donc accessible à tous les citoyens. A l'origine, les chevaliers furent d'abord les cavaliers, *equites*, montés aux frais de l'Etat. On les appela tour à tour *celeres*, *flexumines*, *tossuli*. Leurs marques distinctives étaient : l'anneau d'or, la phalène (collier), la trabée (robe flottante des consuls et sénateurs) et l'angusticlave (cousu à la tunique). Pour être reçu chevalier, il fallut plus tard posséder un revenu qui était, au temps de Pline et d'Horace, de quatre cent mille sesterces (90.000 francs de notre monnaie actuelle); Roscius Othon, en 686, avait fait porter une loi qui assigna aux chevaliers 14 rangs ou gradins dans l'amphithéâtre.

Turquie.

Chez les Turcs, nous dit Voltaire (*Histoire de Charles XII*), on ne connaît point de noblesse, les services seuls sont censés tout faire... Mais les vizirs ne sont d'ordinaire que des créatures d'un eunuque noir ou d'une esclave favorite. Pourtant, les chérifs ou descendants de la lignée de Mohamet forment une noblesse héréditaire parmi tous les Arabes, puisqu'ils ne peuvent être reprochés en justice et ont seuls le droit de porter un turban vert.

Venise.

Les nobles étaient ceux dont le nom était inscrit au livre d'or et parmi lesquels on choisissait les sénateurs. Les nobles dits de terre ferme étaient les gentilhommes de tout le territoire de la République qui ne participaient pas à son gouvernement. Instruits par l'expérience de l'histoire, les gouvernants de Venise, désirant avant tout que leur système politique vécût, s'attachèrent par l'établissement du partage égal des successions à ce qu'il ne s'élevât parmi la noblesse aucune individualité capable par ses richesses de devenir une puissance dans l'Etat; c'est pour cela aussi qu'on lui interdisait de faire du commerce et que les lois imposaient aux nobles une grande modestie dans leurs dépenses et dans leur genre de vie. Grâce à ses inquisiteurs d'Etat, l'aristocratie de Venise était le régime politique qui offrait le moins de liberté à ses sujets, même à ses nobles. La plupart des Etats italiens étaient des oligarchies avec ou sans monarque; parmi ces dernières, Gênes et Florence furent les plus illustres après Venise, la première par son commerce, la deuxième par les belles-lettres et les beaux-arts.

Suisse.

Pouvait et prend des armoiries qui veut, mais il existe des recueils officiels d'armoiries dans presque tous les cantons et de nombreux dictionnaires historiques ont été publiés.

En 1415, la ville et la République de Berne comprenait trois classes : les bourgeois, seuls aptes à remplir une charge, les habitants perpétuels qui avaient des droits municipaux, puis les habitants qui n'avaient aucuns droits. Sur les 180 familles composant la bourgeoisie de Berne, la moitié tout au plus eut des représentants au grand Conseil, et cet état de choses dura jusqu'en 1798 (colonel de Mandrot). La période d'indépendance de l'ancienne Confédération suisse, de 1499 jusqu'à sa chute en 1798, fut caractérisée par le gouvernement oligarchique dans les treize cantons, gouvernement qui subsista jusqu'en 1848 à Neuchâtel. L'ensemble des bourgeois et régnicoles ne formait qu'une très petite partie de la population totale de chaque Etat. Dans l'ancien canton de Bâle, par exemple, la moitié des habitants de la ville était composée d'établis, c'est-à-dire d'habitants inéligibles au gouvernement. Les 7.433 établis habitant la ville lors du recensement de 1779 formaient, avec les 30.000 paysans corvéables de la campagne bâloise, plus que le quintuple des 7.697 bourgeois habitant la ville à cette époque. En vertu du système de nomination par cooptation, un tiers de cette bourgeoisie à peine peut avoir été représenté par un de ses membres au grand Conseil et peut-être un dixième seulement dans les autres Conseils. Le pourcentage des gouvernants fut bien plus restreint dans les autres cantons.

CHAPITRE III.

PARMI LES PEUPLES ACTUELS.

Allemagne.

En Allemagne, comme dans presque tout le Nord, où la multiplicité des chapitres nobles a rendu la noblesse attentive à ne se point mésallier, les preuves de noblesse se sont faites par simples quartiers.

L'empire repose sur la Constitution du 16 avril 1871. Le pouvoir de l'empereur est important, car il possède la suprême direction des affaires militaires et politiques.

Le « bundesrat », composé de 58 membres, est nommé par les gouvernements des Etats de la Confédération; la Chambre des députés est élue au suffrage universel pour cinq ans, mais les fonctionnaires sont éligibles, ce qui donne une grande force au gouvernement. La plupart des Etats possèdent aussi une Chambre haute et une Chambre basse, cette dernière élue au suffrage universel. La Chambre haute ou des seigneurs comprend de droit les membres de la famille régnante et des familles princières, des membres élus du collège de la noblesse, des représentants des universités, des cultes, enfin des membres à vie. L'aristocratie est toute-puissante en Allemagne, et c'est incontestablement à elle que revient l'état de prospérité extraordinaire auquel cette puissance est arrivée en un demi-siècle. Elle se compose de la noblesse ancienne, en majeure partie militaire ou propriétaire (plus de la moitié de la superficie de l'Empire lui appartient), et des représentants les plus autorisés des lettres et des sciences, de l'industrie, comme du haut commerce, ayant le titre de « conseiller du gouvernement », ou de « conseiller intime ».

Angleterre.

Est noble en Angleterre, depuis le douzième siècle, quiconque possède le *coat armour* (cotte d'armes) par droit héréditaire, soit en vertu d'un octroi royal. Les esquires, knights et les descendants cadets des pairs sont les simples nobles; ils n'ont aucun avantage légal et siègent avec les délégués des communes : c'est la « gentry ». Elle forme une société très fermée, se recrute par une sorte de cooptation mondaine ouverte à l'activité commerciale et financière; son handbook des county-families mentionne environ 13.000 familles.

Le mot « nobility » ne désigne plus que les pairs; leur nombre est illimité, mais la couronne accorde le titre sous le contrôle de la Chambre des pairs. Lord Salisbury, chef du gouvernement conservateur, fut un type caractéristique de la « nobility », et Gladstone, chef du gouvernement libéral, un type de la « gentry » au siècle dernier.

La noblesse se prouve en Angleterre par des tables généalogiques dans lesquelles sont cités les monuments servant de preuves et les générations autorisées, avec les dates de l'existence des personnes qui les forment. Ces tables, dressées par les hérauts d'armes des royaumes, sont certifiées par six ou huit nobles des cantons et provinces d'où la famille est issue. La pairie en Angleterre doit être fixée à la conquête de 1060; un titre de noblesse y donne droit. Les barons pouvaient accorder au roi les impositions extraordinaires, et le nom de Parlement fut donné à leur assemblée par Henri II à Oxfort en 1248. Depuis Edouard III jusqu'à Henri VII le Parlement eut seul le droit de créer un pair, prérogative réservée à la couronne depuis 1485. Le costume des pairs de la Grande-Bretagne est ancien et remarquable. La masse des seigneurs titrés ou non (nobility ou gentry) constitue la force de l'Etat ; c'est le tronc vigoureux de cet arbre immense dont les branches s'étendent sur les cinq parties du monde. Elevés surtout aux Universités d'Oxford et de Cambridge, ils joignent une éducation soignée à une fortune souvent brillante et se forment de bonne heure par les voyages ; leur ambition est l'administration dans leurs districts ou même une place au Parlement, s'ils ne sont pas pairs. En Angleterre, la puissance accordée aux gens nobles et riches n'effraie personne, parce qu'ils ne peuvent s'en servir que pour faire le bien ; de même que le roi constitutionnel n'a, en matière criminelle, que l'heureux privilège d'exercer sa clémence ; aussi ce pays semble-t-il, aux yeux de l'étranger, une sorte de République aristocratique. La fortune des nobles se divise en deux parts :

l'une, transformée en majorat, va de droit aux aînés ; l'autre, le chef de famille, en dispose à son gré.

La Chambre des lords est composée (1908) de 613 lords, non compris 12 pairesses d'Angleterre et 3 d'Ecosse, plus 12 pairs écossais et 67 irlandais qui n'ont pas droit de siéger.

Les pairs se recrutent par : 1° droit héréditaire ; 2° création du souverain ; 3° tenue de certaines charges ; 4° élection à vie ; 5° élection pour la durée du Parlement.

Autriche.

La noblesse autrichienne, ordinairement riche et active, ne possède plus guère que des distinctions honorifiques ; mais par tradition une bonne partie des charges remplies avec capacité par les parents sont transmises à leurs enfants.

La Chambre des seigneurs comprend : 1° les princes de la famille impériale ; 2° divers riches propriétaires terriens, nobles nommés à vie ; 3° quelques évêques anoblis par leur charge ; 4° les citoyens les plus distingués dans les arts, les sciences, l'armée, et nommés à vie par l'empereur. La Chambre basse élue, partie au suffrage direct, partie au suffrage indirect, comporte cinq classes d'électeurs : l'aristocratie agricole ou commerciale y dispose de un quart des sièges.

Hongrie.

La Chambre haute ou des magnats comprend : 1° les membres de la famille impériale ; 2° les nobles titrés et pairs héréditaires payant une taxe foncière annuelle d'au moins 6.000 couronnes ; 3° des évêques et représentants des religions ; 4° des pairs à vie nommés par la couronne ; certains hauts fonctionnaires. Dans la Chambre basse, l'aristocratie (professions libérales, sociétés savantes et financières) a droit au vote sans autre qualification. Dans les diètes provinciales, l'aristocratie terrienne, ecclésiastique, commerçante... dispose du tiers des sièges.

Belgique.

L'Almanach royal ne comporte que cinq cent trente-huit familles nobles belges, mais il faut décupler le nombre si l'on additionne celles qui usurpent des qualifications nobiliaires.

La tradition conserve aux vieilles familles un rôle important dans toutes les manifestations de la vie intense de ce petit pays. Les sénateurs âgés d'au moins quarante ans sont élus pour huit ans, partie au suffrage direct, partie au suffrage indirect, par des électeurs ayant au moins trente ans. Les députés sont élus par une représentation proportionnelle des divers partis en présence pour quatre ans. Certains électeurs peuvent disposer d'un double ou triple vote, et pour les élections provinciales jusqu'à quatre votes sont accordés à certains électeurs. Cela permet à l'aristocratie d'empêcher l'envahissement du gouvernement par la démagogie, comme cela se passe en France.

Brésil.

Le gouvernement y repose sur la Constitution de février 1891 qui, à l'exemple de celle des Etats-Unis, garantit une grande indépendance aux divers états et supprime la noblesse et toutes les décorations civiles. La Chambre des députés est élue pour trois ans par une sorte de suffrage universel et proportionnel. Les sénateurs, au nombre de soixante-trois, sont élus au suffrage direct pour neuf ans par une sorte de suffrage universel et par tiers chaque trois ans. Le Président de la République, élu pour quatre ans, mais non rééligible, jouit des mêmes pouvoirs que celui des Etats-Unis. Cette Constitution d'allure démagogique, quoique œuvre de l'aristocratie, ne peut convenir sous cette latitude équatoriale à une population dont la moitié à peine est de race blanche pure. Les abus de pouvoir et les scandales provoqués par les fonctionnaires y sont fréquents, et le suffrage universel n'existe que sur le papier; il ne pourrait, du reste, y fonctionner librement.

La plupart des Républiques de l'Amérique du Sud possèdent une Constitution démocratique, mais sont gouvernées par une oligarchie; elles subissent la tyrannie de présidents et de fonctionnaires dont l'insatiabilité et le sans-gêne sont heureusement inconnus en l'Europe actuelle.

Chine.

Depuis dix ans, la Chine subit une série de transformations qui ont pour but d'y introduire sans secousses tous les progrès de la civilisation actuelle. Le pouvoir central reste autocratique, l'empereur est conseillé par un grand Conseil et dix ministres. Le gouvernement local des dix-huit provinces est entre les mains de vice-rois responsables devant l'empereur et de fonctionnaires jouissant de l'autorité la plus étendue, mais corrompus et opprimant toujours le peuple. L'aristocratie mandchoue jouit de nombreux avantages et le corps des lettrés ou mandarins reste, comme par le passé, une aristocratie dirigeante. Cette noblesse dite de service comporte tantôt l'hérédité limitée, c'est-à-dire que le titre est abaissé d'un ou plusieurs degrés à chaque génération nouvelle, tantôt des des titres viagers.

Espagne.

Le gouvernement repose sur la Constitution de 1876. Le pouvoir exécutif appartient au roi qui partage le pouvoir législatif avec les Cortès. Le Sénat est composé de : 1° sénateurs de droit (membres de la famille royale, de la grande noblesse, généraux, amiraux, archevêques et présidents de quelques tribunaux); 2° sénateurs nommés à vie par le roi : ces deux catégories ne peuvent dépasser cent quatre-vingts membres ; 3° de cent quatre-vingts sénateurs élus par les corporations de l'Etat (communal, provincial, église, université, académie, etc.) et par les plus importants contribuables. Les sénateurs sont renouvelés à chaque dissolution des Cortès ou par moitié chaque cinq ans. Les députés sont élus au suffrage universel par scrutin de liste et représentation proportionnelle par tous les électeurs mâles âgés d'au moins vingt-cinq ans. La petite noblesse ou à particule ne compte pas ; la grande noblesse, toute titrée, jouit au contraire de beaucoup d'influence, car le moindre écart de conduite ou le manque de revenus suffisants pour maintenir son rang comportent la suppression du titre pour au moins une génération. La substitution du nom de sa femme s'il est plus noble au sien propre, celle des noms de familles illustres à un nom médiocre, l'accession trop facile de la grandesse et la concession actuelle de beaucoup trop de titres, est certainement fait pour abaisser la haute aristocratie.

Etats-Unis.

Il devrait être le type du gouvernement démocratique, car chaque commune est indépendante et gouvernée directement, et le peuple nomme directement en théorie (en réalité par délégation) jusqu'au Président de la République.

La forme du gouvernement reste basée sur la Constitution du 17 septembre 1787; or, le recensement de 1790 révélait seulement une population totale de quatre millions d'habitants, dont trois millions de blancs, propriétaires, commerçants... et possédant l'aisance que donnait une vie libre et facile. De par sa constitution, le gouvernement est confié à trois autorités séparées : l'exécutive, la législative, la judiciaire. Le Président de la République joue le rôle de notre président du Conseil, il gouverne et prend la responsabilité de tous les actes du pouvoir. C'est de lui que dépend la politique économique de la fédération, les divers ministres ne sont que ses employés; il a donc la puissance de l'empereur allemand et davantage que la plupart des souverains européens. Cela devient fatalement le régime de la corruption qui seule peut faire une élection. Le président est commandant en chef de l'armée, de la marine et de la milice, il choisit ses ministres... enfin, il est élu pour quatre ans par les suffrages d'électeurs au deuxième degré, choisis dans tous les états au scrutin de liste pour le premier degré. Le pouvoir législatif appartient aux sénateurs et députés.

Les sénateurs âgés d'au moins trente ans sont élus pour six ans, à raison de deux pour chaque État où ils sont domiciliés depuis au moins neuf ans. Le Sénat contrôle et ratifie les traités avec les puissances étrangères et les nominations faites par le président dont la puissance serait sans cela despotique. Les députés élus chaque deux ans, suivant les lois particulières aux divers États, le sont rarement au suffrage vraiment universel, car si tout citoyen âgé de vingt et un ans a droit de vote, la plupart des États excluent facilement les électeurs gênants, soit par le payement de taxes, une résidence de plusieurs années, une instruction spéciale (le Sud élimine ainsi les suffrages des nègres). Dans l'Est (la corruption de New-York en est cause) on ajoute sur les listes les étrangers promettant de se faire naturaliser, par ailleurs les femmes... La France et l'Angleterre réunies possèdent à peu près la population et la fortune (capital, argent, travail...) des Etats-Unis; mais elles devraient se ruiner s'il leur fallait dépenser le temps et les milliards que les richissimes Etats-Unis engouffrent dans leurs élections, aussi sont-ils en train de devenir la puissance la plus corrompue de par son insatiable soif d'or et de puissance, qu'aucune aristocratie ne vient encore refréner.

L'aristocratie virginienne fit la séparation des Etats-Unis d'avec l'Angleterre au dix-septième siècle; elle a disparu, et l'aristocratie qui se forme au vingtième siècle se compose de millionnaires.

La loi américaine de juin 1906 exige du naturalisé la renonciation à tout titre nobiliaire dont il serait investi, pourtant il existe actuellement chez les Américains une sorte de passion pour les recherches généalogiques (Brice, *Américan commonwealth*, pp. 746-48). Bon nombre de familles peuvent remonter jusqu'à des familles anglaises du seizième ou du dix-septième siècle, et un plus grand nombre prétendent le faire. Avoir un ancêtre sur la « Mayflower » est pour un Américain aussi précieux que pour un Anglais d'en avoir un parmi les compagnons de Guillaume le Conquérant, et parfois fondé sur des raisons aussi chimériques. Les descendants de quelques-uns des héros de la Révolution... et les descendants de quelques hommes fameux de l'ère coloniale sont considérés avec un certain intérêt. En Virginie, un certain nombre de familles se distinguent elle-mêmes par les lettres FFV (*first families of Virginia*). A New-York, un club s'est formé où n'entrent que des personnes pouvant prouver que leurs ancêtres étaient établis dans l'Etat avant la Révolution. Sur les plages aristocratiques de l'Est, on commence à voir des équipages avec des armoiries sur leurs panneaux...; enfin, le besoin d'une sorte de noblesse, d'une élite plus vertueuse et plus influente se fait sentir dans toutes les parties de la Confédération et parmi toutes les classes de la société.

France.

Notre pays est régi par la Constitution du 24 février 1875, déjà amendée quatre fois! L'Assemblée nationale comprend deux Chambres qui se réunissent annuellement. Le Sénat se compose de trois cents membres âgés au moins de quarante ans, élus pour neuf ans par des commissions spéciales équivalant au suffrage indirect et renouvelable par tiers tous les trois ans, ce qui l'abrite contre les passions momentanées de l'opinion publique et en fait un organe conservateur. La Chambre des députés (1 député par 70.000 habitants) est élue pour quatre ans par des électeurs âgés d'au moins vingt et un ans, alors que les députés ont au moins vingt-cinq ans. Le Président de la République, élu pour sept ans par les sénateurs et députés réunis, ne possède qu'une autorité apparente, car tous ses actes doivent être contresignés par un ministre et en réalité approuvés par les Chambres. Comme nous le verrons dans la troisième partie, une aristocratie dite républicaine est en formation ; le gouvernement se verra alors tiraillé à la fois par la démagogie et l'oligarchie.

« Le catholicisme en France n'a point à être réconcilié avec la science, à laquelle il n'a jamais été opposé pour la simple raison que n'ayant pas le même objet il n'évolue pas sur le même plan. Mais l'irréconciliabilité semble absolue entre la Science et la Démocratie telle que la France la conçoit; car dans tous les pays qui passent pour démocratiques et qui prospèrent, l'Amérique, par exemple, démocratie est synonyme d'oligarchie, presque de féodalité. La science démontre que les deux lois de la vie, d'un bout à l'autre de l'univers, sont la continuité et la sélection, et les démocrates français répliquent par le dogme absurde de l'égalité et donnent au présent, sous sa forme la plus brutale, par la souveraineté du nombre, tous les droits sur le passé[1]. »

Grèce.

Les titres nobiliaires y furent prohibés en 1827. L'antique noblesse byzantine détruite, émigrée ou ruinée, s'est confondue avec le peuple. Ce petit peuple, descendant de héros, est vraiment démocrate, car la convoitise et l'envie ne gâtent pas son âme. Aux yeux des Grecs, tous les hommes naissent égaux ; l'esprit seul crée la différence entre les destinées, et l'étudiant pauvre de l'Université d'Athènes ne perdra aucun prestige en s'embauchant comme

1. *L'Étape*, par Paul Bourget, p. 391. Paris.

allumeur de réverbères. Malheureusement, les carrières libérales sont trop encombrées, les fonctions publiques changent de titulaires avec les divers ministères; l'armée joue volontiers au coup d'État; aussi la vie publique se trouve livrée à une corruption extrême, dont le motif principal provient de l'absence d'une chambre haute ou sénat aristocratique pouvant contrôler la chambre basse ou populaire.

Hollande.

La Constitution, revisée en 1887, confie le pouvoir exécutif au souverain, qui partage aussi le pouvoir législatif avec les deux Chambres. La Chambre haute, composée de cinquante membres choisis par les électeurs payant les plus forts impôts ou certains hauts fonctionnaires, est élue pour neuf ans et se renouvelle par tiers chaque trois ans. La Chambre basse, élue pour quatre ans, comprend cent députés choisis par les électeurs âgés d'au moins vingt-cinq ans, possédant une petite épargne, payant un impôt direct ou ayant un loyer à leur nom. Le gouvernement hollandais est franchement conservateur et aristocratique; c'est là sa force, l'explication de sa prospérité et de sa capacité à conserver de riches et puissantes colonies. La Hollande est un pays de grande liberté, c'est aussi un de ceux où l'on paie le moins d'impôts.

Italie.

Sa Constitution est l'expansion de celle existant en Sardaigne depuis mars 1848. Le roi possède le pouvoir exécutif exercé par l'office de ministres responsables. Le Sénat se compose des princes de la famille royale et d'un nombre illimité (358 actuellement) de personnes âgées de plus de quarante ans, et nommées à vie par le roi; ils doivent soit être de hauts fonctionnaires, avoir acquis une renommée (science, littérature) qui bénéficie à la nation, soit payer de lourds impôts. Le Sénat italien représente, avec la noblesse, l'aristocratie de ce pays; c'est à elle que ce peuple, nommé naguère « mangeur de macaroni », doit sa splendeur actuelle. A la Chambre des députés, les membres de l'enseignement, de l'armée et de nombreuses autres catégories possèdent un droit de vote spécial. Les électeurs, comme les élus, doivent être âgés de trente et un ans, posséder un patrimoine ou payer un loyer en leur nom, ce qui sagement en exclut les vagabonds.

Japon.

Le gouvernement repose sur la Constitution du 11 février 1889. L'empereur conserve tous les droits de la souveraineté; il possède le pouvoir exécutif avec l'assistance de ministres choisis et responsables devant lui seul ; il déclare la guerre, fait la paix et conclut les traités, car son conseil privé délibère suivant ses désirs. Le monarque exerce le pouvoir législatif avec le consentement de la diète impériale, convoquée et dissoute à son gré, mais qui doit sanctionner chaque loi. Les deux Chambres possèdent à peu près le même pouvoir. La Chambre des pairs comprend : 1° les membres de la famille impériale; 2° les princes et marquis âgés d'au moins vingt-cinq ans ; 3° les comtes, vicomtes et barons d'au moins vingt-cinq ans élus par les membres de leurs ordres respectifs, ne devant jamais excéder un cinquième de chaque ordre (12 princes, 35 marquis, 90 comtes, 365 vicomtes, 290 barons) ; 4° les personnes ayant plus de trente ans nommées par l'empereur pour services rendus à l'État ou pour leur érudition ; 5° des membres élus dans chaque province parmi les plus importants propriétaires, industriels ou négociants. La Chambre des pairs compte 361 membres (1908), les classes 1, 2 et 4 siègent à vie, les classes 3 et 5 sont élues pour sept ans. La Chambre des députés est élue au suffrage universel par tous les Japonais ayant au moins vingt-cinq ans et payant 10 yens d'impôts annuels. Tous les Japonais âgés de trente ans sont éligibles avec exception des fonctionnaires, militaires et étudiants. L'essor extraordinaire du Japon est le fait politique le plus notable des temps présents ; il y a un demi-siècle, il se trouvait en plein Moyen-âge, un pays pauvre, un peuple sans initiative ; il est aujourd'hui, en beaucoup de choses, l'égal des puissances de premier ordre. Ce pays, éminemment aristocratique, fournit la preuve incontestable du bien que peut produire l'alliance de l'aristocratie à la démocratie sous l'égide d'un chef, homme d'État remarquable. Il y a au Japon 66 membres de la famille impériale et 5.055 nobles.

Mexique.

La Constitution est de février 1857, amplement modifiée en mai 1904. Le président est élu pour six ans et rééligible (le général P. Diaz le fut sept fois de suite) par des électeurs nommés au suffrage universel; il a seul le pouvoir exécutif. Le Sénat comprend deux membres par état âgés d'au moins trente ans. Sont électeurs tous les mâles adultes et respectables, formule assez vague qui, avec la faible durée du mandat législatif, donne une puissance énorme au président de la République et aux membres de son parti. Le gouvernement est entre les mains des métis (43 p. 100 de la population); la race blanche pure atteint seulement un cinquième de la population totale, et les principales familles forment comme une sorte d'aristocratie très influente qui semble devoir encore conserver le gouvernement pour de nombreuses années à venir.

Portugal.

La Constitution reconnaît quatre pouvoirs : législatif, exécutif, judiciaire et modérateur, ce quatrième appartenant exclusivement au roi. La Chambre des pairs se compose de : 1° de pairs héréditaires abolis par extinction graduelle ; 2° princes du sang royal ; 3° évêques ; 4° pairs à vie, jusqu'à un maximum de quatre-vingt-dix nommés par le roi ; 5° de pairs choisis pour une législation par le roi et âgés d'au moins quarante ans. La Chambre des députés est nommée pour quatre ans par tous les électeurs âgés d'au moins vingt et un ans, sachant lire et écrire et payant 500 reis d'impôts ; les députés doivent être diplômés d'une école, ou bien avoir au moins 400 mil reis de revenus. Une longue prospérité avait engourdi et corrompu le Portugal ; une crise financière et la menace de se voir enlever un empire colonial qu'il ne sait guère exploiter semblent devoir le réveiller, et l'on peut espérer que ce petit peuple traditionaliste, possédant une noblesse riche et considérée, se mettra bientôt au niveau des peuples les plus modernes.

Russie.

Depuis 1905, le gouvernement russe est une monarchie constitutionnelle ; mais, en réalité, tout le pouvoir législatif, exécutif et judiciaire est réuni dans l'empereur, qui porte toujours le titre d'autocrate. Le Conseil de l'Empire et la « Douma » ou Chambre des députés ont à peu près les mêmes droits et les mêmes pouvoirs. La moitié des membres du Conseil sont choisis par l'empereur, l'autre moitié est élue pour neuf ans par le clergé, l'université, les chambres de commerce, la noblesse, et les provinces agissant séparément; enfin, tous les membres ont au moins quarante ans et possèdent un titre académique. La Douma est élue au suffrage indirect par les représentants des diverses classes de la nation. La petite noblesse russe est pauvre, la haute noblesse bien appauvrie par ses dépenses excessives. On les divise en trois classes, formant une corporation ayant un maréchal de la noblesse dans chaque gouvernement; c'est sur ses listes que se choisissent divers fonctionnaires et que s'élisent ses représentants au Sénat. Selon A. Leroy-Beaulieu (*Empire des tsars*, t. I), le « dvorianstvo » n'a ni les mêmes origines, ni les mêmes traditions que ce que nous appelons du même nom en Occident. Le dvorianine (c'est-à-dire littéralement l'homme de cour) n'est pas autre chose qu'un fonctionnaire, civil ou militaire, qui a gravi un ou plusieurs des 14 degrés de la hiérarchie administrative ou militaire (tchine). S'il est au moins colonel ou conseiller d'État, il obtient la noblesse transmissible, sinon la noblesse viagère. Mais ce n'est que par un abus de langage que les occidentaux donnent aux six cent mille fonctionnaires ou descendants de fonctionnaires de la Russie d'Europe le nom de nobles, et qu'eux-mêmes, lorsqu'ils viennent en Occident, se parent des titres de comte, de prince ou de particules. En réalité, ils forment une classe bourgeoise, une noblesse de service partiellement héréditaire, sans aucune des prérogatives qui caractérisent ailleurs la classe noble. Mais à côté d'eux il existe en Russie une véritable noblesse, le znat (du verbe *znat* — connaître ; comparez le latin *nobilis*), composé d'une soixantaine de familles dont l'illustration est ancienne ; en particulier des descendants des Kniazes (princes de la famille de Rurik), des Jagellons (héritiers des anciennes dynasties circassiennes) ; ces Kniazes forment, au-dessus et en dehors du tchine, la véritable noblesse russe.

Suède.

Le roi possède le pouvoir exécutif et partage le législatif avec la diète. La Chambre haute, composée de cent cinquante membres âgés d'au moins trente-cinq ans et possédant de gros revenus, est élue pour neuf ans par les provinces ou les municipalités des grandes villes. La Chambre des députés comprend deux cent trente membres, dont quatre-vingts sont élus par les villes et cent cinquante par les districts ruraux. Sont électeurs tous les Suédois âgés d'au moins vingt et un ans, possédant une propriété ou payant l'impôt sur le revenu. La Suède, comme les autres États scandinaves et la Suisse actuelle, est un des pays dont l'instruction publique est le plus développée, le tempérament réservé, et les idées conservatrices et aristocratiques toujours en honneur.

Les familles princières et ducales d'Europe.

La haute aristocratie comprend à peine quelques milliers de personnes en Europe, parmi lesquelles les noms patronymiques suivants, pris dans la troisième partie de l'*Almanach de Gotha* 1909 dont nous avons retranché les noms, comme les substitutions ayant moins de soixante-six ans (deux générations) d'existence. Ex. : Abrantes (maison Leroy par substitution de 1869 en place de Junot (Fr.). On pourrait leur ajouter un millier de personnes représentant une soixantaine de familles royales, ou princières souveraines d'Allemagne. Exemple : d'Aremberg, Liethtenstein.

Ces familles ducales sont les :

Abercorn (Hamilton, Ang.), Altieri (It.), Argyll (Campbell, Ang.), Audiffret-Pasquier (Fr.), Auerstaedt (Davoust, Fr.), Battenberg (All.), Bauffremont (Fr.), Beauffort (Somerset, Ang.), Beaufort-Spontin (Aut. et Fr.), Beauvau-Craon (Fr.), Bedfort (Russell, Ang.), Bellune (Perrin, Fr.), Bervick (Fitz-James, Fr. et Esp.), Bethune (Bel. et Fr.), Biron de Courlande (All.), Blacas (Fr.), Blücher von Wahlstatt (All.), Bonaparte (Fr.), Boncompagni-Ludovici (It.), Borghèse (It.), Bourbon-Sicile et Parme (It.), Bourbon-Orléans (Fr.), Brancaccio (It.), Brancovan (Bibesco, Roum.), Brissac (Cossé, Fr.), Broglie (Fr.), Buceleng et Quensberry

(Montagu-Douglas-Scott, Ang.), Buckingham et Chandos (Grenville, Ang.), Caetani (Teano et Piedimonti, It.), Campofranco (Lucchesi-Palli, It.), Camporale (It.), Canneto (Gironda, It.), Carolath-Benthen (Schönaich, It.), des Cars (Péruse, Fr.), Cerami (Rosso, It.), Chiro-Albani (It.), Clary et Aldringen (Aut.), Clermont-Tonnerre (Fr.), Collato (Aut.), Colonna (It.), Corsini (It.), Czartoryski (Hong.), Czetwertynski (Rus.), Decazes (Fr.), Devonshire (Cavendish, Ang.), Dohna-Schlobitten (All.), Doria-Pamphilj-Landi (It.), del Drago (It.), Essling (Masséna, Fr.), Feltre (Goyon, Fr.), Forano (Strozzi, It.), Frasso (Dentice, It.), Frias (Acuña-Velasco, Esp.), Gironi-Conti (It.), Giustiniani Brandini (It.)., Glucksbierg (Decazes, (Fr.), Grafton (Fitzroy, Ang.), Gramont (Aure, Fr.), Grimberghe (Mérode, Bel.), Hamilton (Douglas, Ang.), Hanau (Aut.), Harcourt (Fr.), Hatzfeldt (All.), Hercolani (It. et Bel.), Jablonowsky (All.), Kinsky (Aut.), La Rochefoucauld (Fr.), La Trémouille (Fr.), Leeds (Osborne, Ang.), Leinster (Fitz-Gerald, Ang.), Leuchtenberg (Beauharnais, Rus.), Leutenberg (Aut.), Lichnowsky (Aut.), Lieven (Rus.), Ligne (Bel. et Fr.), Linguaglossa (It.), Lodi

(It. et Fr.), Lubomirski (Rus. et Fr.), Lucinge (Faucigny, Fr.), Luynes (d'Albert, Fr.), Lynar (All.), Magenta (Mac-Mahon, Fr.), Maillé de La Tour-Landry (Fr.), Manchester (Montagu, Ang.), Malborough (Spencer, Ang.), Marmier (Fr.), Massa (Regnier, Fr.), Massimo (It.), Medinacelli (Cordova, Esp.), Mingrelie (Dadian, Rus.), Montebello (Lannes, Fr.), Montenuevo (Aut.), Montignano (It.), Montrose (Graham, Ang.), Mortemart (Fr.), la Moskowa (Ney, Fr.), Murat (Fr.), Newcastle (Pelham-Clinton, Ang.), Noailles (Fr.), Norfolk (Howard, Ang.), Northumberland (Seymour-Percy, Ang.), Odescalchi (Erba, It.), Orsini (It.), Osuna (Giron, Esp.), Otrante (Fouché, Fr.), Paar (Aut.), Palffy-d'Erdöd (Aut.), Pless (Hochberg, All.), Polignac (Chalençon, Fr.), Poniatowsky (It. et Aut.), Portland (Cavensdisch-Bentinck, Ang.), Putbus (Wylich, All.), Radziwill (Rus.), Rarécourt de La Vallée (It. et Fr.), Richelieu (Chapelle-Jumilhac, Fr.), Richmond (Gordon-Lenuox, Ang.), Riquet de Caraman-Chimay, (Fr. et Bel.), della Rocca d'Aspro (Cito, It.), Rohan (Aut.), Rohan-Chabot (Fr.), Romanowsky (Beauharnais, Rus.), Rospigliosi (It.), Roxburghe (Innes-Ker, Ang.),

Ruffodi Calabria (It.), Ruspoli (It.), Rutland (Manners, Ang.), Sabran-Pontevès (Fr.), Saint-Albans (Beauclerk, Ang.), Salluzzo (It.), San-Fernando-Luis (Lévis-Mirepoix, Fr.), Sanguszko-Lubartowicz (Hong.), Sant Angelo (Marulli, It.), Sapieha (Rus.), Serra (It.), Somerset (Saint-Maur, Ang.), Soragna (Lupi, It.), Sutherland (Leveson-Gower, Ang.), Talleyrand et Sagan (All. et Fr.), Teck (Hohenstein, Ang.), Urach (comtes de Wurtemberg, All.), Ussel (Schletz, Bel.), Uzès (Crussol, Fr.), Villahermosa (Azlor d'Aragon, Esp.), Wagram (Berthier, Fr.), Wellington (Colley-Wellesley, Ang.), Wrede (Aut. et All.)

TROISIÈME PARTIE.

L'ÉLITE DEVANT LA SCIENCE ET LA POLITIQUE.

CHAPITRE PREMIER.

UTOPIE DE L'ÉGALITÉ. — LOGIQUE D'UNE ÉLITE.

De l'hérédité.

L'hérédité est l'histoire du genre humain ; elle joint les siècles aux siècles et nous conserve la généalogie des familles ; elle est le lien qui nous rattache à nos ancêtres, elle nous révèle ce qu'ils ont été pour nous montrer ce que nous devons être ; c'est le sentiment religieux, le respect pour les parents, c'est la famille se continuant. En vain prétend-on que la noblesse choque l'égalité, car il n'y a point d'égalité parfaite, même dans l'état de nature. Pour qu'il y ait une égalité naturelle et entière parmi les hommes, il faudrait qu'ils fussent tous nés avec la même complexion et la même stature; qu'ils fussent tous doués de la même aptitude, de la même intelligence et de la même activité dans leurs facultés physiques et dans leurs conceptions morales. Ils ne l'ont pas ; donc rien d'égal parmi les hommes dans le sens même de la nature.

Cette différence existe encore avec une vérité aussi palpable dans les animaux, dans les plantes, dans toutes les émanations du ciel et de la terre... Prenons cent feuilles du même arbre, on n'en trouvera pas deux absolument semblables dans leurs découpures, dans leurs linéaments. Pas deux figures dans le monde qui soient parfaitement les mêmes. Tout, enfin, subit cette loi d'inégalité imposée par le Créateur. L'égalité complète est une théorie et ne saurait être mise en pratique.

« L'inégalité, qui date de l'Eden, — disait H. Rigault, — persiste dans la suite indéfinie des êtres. La seule égalité devant Dieu, c'est l'égalité morale des âmes, toutes créées par lui sans distinction, pour le connaître, l'aimer et le servir, comme dit le catéchisme. Pour tout le reste, l'inégalité est de droit divin. »

Le nom d'une famille, c'est un héritage, c'est une propriété, la plus petite en apparence si le nom est obscur, mais la plus solide, la plus inaltérable. Depuis de nombreuses années, les terres de famille ont été partagées et vendues; les maisons sont tombées en poussière ; l'argent a coulé de main en main ; seule cette petite propriété syllabique, le nom, a duré pendant des siècles; seule elle a défié les efforts du temps et les vicissitudes de la fortune ; seule est le passé, seule est l'avenir ; seule vous la transmettez à vos fils comme vous l'avez reçue de vos pères... Cette poésie du nom paternel, qui décore même les noms les plus modestes, entoure les plus nobles d'un plus illustre éclat, et si la noblesse ainsi comprise n'est plus qu'une idée, elle est une grande idée ; et c'est n'être ni sage ni vraiment libéral que de tourner en raillerie l'attachement des « Familles patriciennes » pour leurs noms héréditaires.

L'idée de noblesse est formée : 1° du sentiment de respect, parfois de terreur, que les hommes éprouvent lorsqu'ils reconnaissent chez l'un d'eux une supériorité quelconque ; 2° de l'idée d'hérédité, c'est-à-dire de la conviction universellement répandue que les qualités d'un individu se transmettent plus ou moins intégralement à ses descendants.

Une élite est donc un fait absolument général, pour cette raison que dans toute société qui a vécu, il y a toujours un noyau de familles dont la fortune et la considération sont anciennes. Si le fait de descendre d'un homme supérieur est considéré comme une supériorité, il s'ensuit que plus loin on pourra remonter dans le passé en rencontrant toujours sur son chemin, de proche en proche et sans interruption, des hommes supérieurs, plus on sera considéré comme un être supérieur. De là l'importance des généalogies, des parchemins, etc... dans les sociétés nobiliaires[1].

Chez les anciens.

Dans la plus ancienne société dont nous connaissons l'histoire, en Chine, nous savons que, dès le temps de la dynastie Tchéou (du onzième au troisième siècle avant notre ère), il

1. Taine, *Ancien régime*, p. 189.

existait une noblesse constituant une véritable féodalité. Au Japon, il existe encore 155 familles, les Kugé, qui passent pour descendre des fils cadets des anciens mikados ou des divinités du ciel. Dans l'Inde, les deux castes nobles, celle des brahmanes et celle des kshatriyas, passent pour être nées de la bouche et des bras du créateur. La noblesse de quelques-unes des familles du Rajpontana est certainement parmi les plus anciennes du monde. En Egypte, les nobles des premières dynasties prétendaient descendre des divinités locales. « On trouve en ma famille, disait César, la sainteté des rois et la majesté des dieux. »

Les patriciens romains, au deuxième siècle avant notre ère, se firent fabriquer, par des Grecs complaisants, des généalogies qui les rattachaient aux héros de la guerre de Troie. Il en est de même des aristocraties modernes. En Angleterre, il est essentiel d'avoir son nom sur les listes de l'abbaye de la Bataille. En France, il faut au moins, suivant l'expression courante, descendre des croisés ou figurer dans l'Armorial général de France dressé sous Louis XIV. Voilà les petitesses qui ont ridiculisé l'idée de noblesse. Un bourgeois se réveillant noble se découvre en même temps animé des sentiments réputés nobles. Le salut du pays se résumera désormais pour lui dans un monarque, ou une oligarchie ; son idéal religieux sera Rome avec son intolérance. C'est absurde.

Aujourd'hui.

La croyance à la transmission héréditaire des aptitudes est si profondément ancrée chez les hommes que, non contents de posséder une noblesse pour ainsi dire fossile, les démocraties, obéissant à une tendance inconsciente, se créent une noblesse nouvelle, analogue à la « nobilitas » des Romains. Il suffit que deux ou trois générations du même nom se soient consacrées avec un certain éclat au service de l'Etat pour que les titulaires du nom — quelle que soit leur valeur personnelle — jouissent d'une réelle influence et paraissent désignés aux fonctions publiques. N'avons-nous pas vu en France des hommes d'Etat qui devaient le plus clair de leurs succès à un ancêtre conventionnel, à un père constituant de 48 ? Est-ce un médiocre avantage d'être le fils ou le petit-fils d'un écrivain illustre, d'un célèbre artiste, d'un grand général ?

Pour les mêmes raisons qui ont amené la création de la noblesse d'Empire — mais cette fois, sans qu'il soit besoin d'une intervention de l'Etat, et par le libre jeu de l'opinion — nous voyons se former chez nous une noblesse républicaine.

Une élite est-elle donc un fait nécessaire, une véritable loi des sociétés? C'était l'avis de Renan qui rêvait pour l'avenir d'une noblesse scientifique, non pas précisément héréditaire, mais créée par une sorte de sélection artificielle, continue, douée d'une supériorité intellectuelle foudroyante. « La noblesse, dit-il, à l'heure qu'il est en France, ne répond pas à une snpériorité de race, comme cela fut à l'origine ; mais cette supériorité de race pourrait redevenir réelle et alors le fait de la noblesse serait scientifiquement vrai. » L'idée qui inspirait Renan, c'est que l'inégalité des classes est le facteur essentiel du progrès, le « coup de fouet qui fait marcher le monde », et que le but à atteindre, « loin d'être l'aplanissement des sommités, doit être au contraire de créer des dieux, des êtres supérieurs, que le reste des hommes, êtres conscients, adorera et servira, heureux de les servir. » Mais cette nécessité providentielle de l'inégalité exige-t-elle le maintien d'une classe dirigeante ?

Au point de vue médical.

Les médecins ont su de toute antiquité que les enfants héritaient de la constitution de leurs parents, de leurs dispositions morbides, de leurs vertus, de leurs vices, et c'est sans doute parce qu'ils reconnaissaient l'influence des ancêtres que les peuples ont toujours vénéré les descendants des hommes célèbres et que le principe de la noblesse et de la monarchie héréditaire a pu s'établir.

Un simple coup d'œil sur l'histoire des familles les plus célèbres montre à quel point, le plus souvent, l'influence de l'hérédité est réelle : l'amour des arts chez les Médicis, la bravoure militaire chez les Mac-Mahon, l'habileté et l'ambition chez les Guise, le talent littéraire chez les Ségur, l'habileté politique chez les Carnot, sont des exemples bien connus et qu'on pourrait multiplier à l'excès.

Les traits du visage et les formes du corps, les anomalies même sont héréditaires, le nez des Bourbon, le strabisme des Montmorency en sont des preuves. Le bec de lièvre, la claudication, les hernies se transmettent pendant plusieurs générations. Si les maladies nerveuses et certaines maladies contagieuses, comme la syphilis, la phtisie... sont héréditaires, l'immunité à certains virus l'est également comme ceux de la variole, de la syphilis...

Les caractères nouveaux qu'on voit se manifester chez des individus, alors que leurs parents immédiats ne les possèdent pas, sont ordinairement dus à l'influence d'ancêtres plus ou moins éloignés qui les ont possédés. Cette influence est connue sous le nom d'atavisme et le Dr Lombroso lui a consacré de remarquables ouvrages. Pour divers observateurs, même les cas de microcéphalie observés parfois chez l'homme seraient des phénomènes d'atavisme préhistorique, tout comme l'apparition fréquente chez le cheval de doigts latéraux qui a permis de rattacher géologiquement ce solipède à l'hipparion, cheval fossile de l'époque miocène, qui possédait trois doigts. C'est enfin cette influence des ancêtres qui lutte contre la formation des races nouvelles, les hybrides tendant à retourner au type de leurs ancêtres ; aussi, en agriculture, ne peut-on les reproduire que par boutures.

L'évolution mise en évidence par Darwin se

passe seulement à fleur d'être. Les formes seules se transforment au cours des âges dans le monde animal. Et ces transformations résultent de l'acharnement que met la nature à conserver à l'être vivant toutes les conditions qui présidèrent à sa naissance.

M. Quinton a démontré, au contraire de Darwin, que la grande loi de la vie est une loi de constance, son principe, un principe de fixité. La science la plus récente nous ramène à une conception de la fixité des espèces voisine de celle du savant français Cuvier.

Toutes les expériences recemment instituées, dit M. Bohn, tendent à prouver que les individus qui ont subi une « variation » doivent être considérés comme des malades. « Débiles, ils ont une activité natale inférieure à celle des individus normaux et moins variée ; ils sont doués en quelque sorte d'une faiblesse congénitale. Un individu qui subit une variation est un malade. Or, un malade ou bien meurt, ou bien lutte contre la maladie. » Cela revient à dire : « L'être qui s'est écarté du type primitif, ou disparaît, ou retrouve ce type. » L'hypothèse d'espèces nouvelles réalisées par l'acquisition de caractères nouveaux, par des variations qui lui permettraient de lutter plus avantageusement, se trouve donc annulée. Nous assistons donc à la faillite de la sélection naturelle.

Ascension normale.

Ne peut-on concevoir un état de société où les ressources physiologiques, économiques, intellectuelles seront également réparties entre tous pour que la sélection des plus aptes se fasse naturellement, sans intervention de l'hérédité ni du privilège?

Une telle société sera foncièrement démocratique en ce sens que les moyens de travailler, de s'instruire, de développer les aptitudes dont il est doué doivent être mis également à la portée de chacun de ses membres, mais elle fera sa part légitime à l'aristocratie, à l'aristocratie vraie, purement personnelle[1].

En attendant que cette société soit réalisable, il semble à la *Grande Encyclopédie* que : 1° l'hérédité, avec les supériorités physiques, mentales, économiques que ce mot recouvre, continuera de jouer son rôle ; 2° que l'idée de supériorité héréditaire conservera son prestige et

1. *Le Régime socialiste,* G. Renard, p. 10.

que, par conséquent, sous un nom ou sous un autre, une noblesse ne cessera pas d'exister.

La transformation économique et sociale du Japon actuel est, par sa rapidité et sa sagesse, la plus grande merveille de l'époque présente ; or, elle fut seulement possible par la conservation de la mentalité japonaise, de ses traditions, de ses vertus, de ce que l'on pourrait nommer l'âme japonaise.

En France, les familles terriennes arrivaient avant 1789 à la petite bourgeoisie par le bas, avec le temps ; puis de la petite bourgeoisie, si elles continuaient à se fortifier, elles montaient à la moyenne, à la haute, à la noblesse. C'était un axiome alors que la famille dans l'état privé devait d'abord s'enrichir par le travail, puisque, haussée d'un degré, c'est-à-dire, devenue noble, elle ne devait plus que servir l'État. Bonald a vu cela merveilleusement. C'était de cette circulation lente qu'était faite la vie profonde de la vieille France. Elle s'était faussée sous le despotisme de Louis XIV et l'incurie de Louis XV. Il y avait lieu, en 1789, de la régulariser. On l'a détruite[1].

1. *L'Étape*, Paul Bourget, p. 398.

Notre colonisation.

Ces erreurs, nous les avons commises partout : nous les véhiculions au siècle passé à travers l'Europe, avec les soldats de la Révolution et de l'Empire ; aujourd'hui, nous en avons saturé nos colonies.

Le colonisateur J. Chailley disait en 1906, à l'Exposition coloniale de Marseille : « Quand on part du sentiment qui a inspiré la France en 1793, quand on arrive à croire que tous les hommes sont ou doivent être égaux, que tous les hommes sont également éducables, on est amené à pratiquer une politique qui s'appelle politique d'assimilation ; avec cette conviction et cet espoir que ce que nous avons fait chez nous avec des Français, nous pourrons le faire chez des races jaunes, noires ou rouges. Chez nous, pendant la période de 1793 jusqu'à 1889, c'est cette idée qui a prévalu, c'est cette politique qui a été cause de tant d'insuccès dans nos Antilles et jusqu'en Algérie. » (La population de race blanche a diminué des trois-quarts à la Martinique.)

C'est surtout au Dr G. Lebon[1], un savant qui jouit d'une réputation mondiale et reste sans aucune autorité chez nous, que nous devons ces travaux remarquables sur l'hérédité et l'éducation. Or, Lebon soutient et démontre que, dans ce que pense un homme, la part qui lui est propre est infime par rapport à celle qui lui a été transmise et imposée par les générations précédentes. Au moment où nous tentons de modifier la mentalité d'un peuple, comme nous ne pouvons agir que sur sa part contemporaine et propre de pensée, comme nous ne pouvons rien sur ce que les ancêtres lui ont légué, nos efforts restent à peu près vains et nos colonies marchent mal.

L'Algérie et la Tunisie sont de petits pays malgré l'immensité vaine que leur prêtent les mirages du Sud. La première ne compte pas 140.000 kilomètres exploitables d'une manière intensive, à l'européenne, dont il faut distraire 40.000 kilomètres de pentes trop déclives ou arides, selon *l'Afrique française*. Or, le Trésor français a avancé de 1830 à 1900, date de la

1. Surtout lire : *Les Lois psychologiques de l'intuition des peuples*, par G. Lebon.

décentralisation, 6 milliards à l'Algérie, et avec les rentrées le compte déficitaire est ramené à 5 milliards au moins. Or, le recensement trouve déjà une population française égale de naturalisés avec leurs descendants et de Français d'origine. Le Dr Mohr, auteur allemand, constate que la civilisation française ne s'étend partout, même en Algérie, que comme un léger vernis. L'ex-ministre de la guerre, M. Étienne, déplore en Cochinchine une proportion de douze cents fonctionnaires pour une population blanche de quatre cents individus et reconnaît une moyenne de trois colons pour un fonctionnaire dans nos colonies. La Martinique, pour 98.798 hectares et 180.000 habitants, possède l'administration d'une préfecture, une Cour d'appel, un Tribunal de première instance, huit justices de paix, huit commissariats de police ; aucun département français n'est proportionnellement si bien partagé.

Le peuplement par fonctionnaires n'améliore guère les relations de la métropole avec ses colonies, et des menaces de séparation se sont élevées à la Réunion, en Nouvelle-Calédonie et même en Indo-Chine. Les droits de douane imposés aux colonies constituent pour elles une énorme dîme et un appauvrissement réel du pays, les marchandises importées de l'étranger ayant leur valeur majorée du montant de ces droits. Malgré des droits de douane élevés, le privilège du pavillon, des droits de sortie en Indo-Chine, nos colonies (Algérie et Tunisie non comprises) voient augmenter la diminution constante du pourcentage de la France à l'importation et à l'exportation, puisque de 38 % en 188 , la part du commerce étranger avec nos colonies est passée à 66,7 % en 1906, et cela en dépit du matériel introduit par les travaux publics que l'on entame ou que l'on poursuit et des approvisionnements considérables envoyés aux troupes.

Prenons exemple sur les États-Unis, qui sont assurément la terre de la liberté, mais non celle de l'égalité ni de la fraternité, ces deux chimères latines que les lois du progrès ne sauraient connaître. Il n'y a point de place pour les faibles, les médiocres ou les incapables sur son sol. Par le seul fait qu'ils sont inférieurs, individus isolés ou races entières, comme les Irlandais qui y végètent ou les Italiens qui y meurent de faim, sont condamnés à périr.

De la démagogie.

Mais méfions-nous de grâce des politiciens démagogues : « C'est surtout pour les temps démocratiques que l'on peut dire que l'humanité est gouvernée plutôt par le pouvoir magique de grands mots que par des idées, par des formules, que par des raisons, par des dogmes dont nul ne songe à rechercher l'origine, plutôt que par des doctrines fondées sur l'observation[1]. »

L'action consciente des foules se substituant à l'activité consciente des individus est une des principales caractéristiques du siècle actuel. Or, les civilisations n'ont été créées et guidées jusqu'ici que par une petite aristocratie intellectuelle, jamais par les foules dont la domination représente toujours une phase de barbarie.

« Les foules sont partout impulsives, mobiles, irritables, partout féminines ; mais les plus féminines de toutes sont les foules latines. Elles ne connaissent que les sentiments simples et extrêmes, et sont aussi autoritaires qu'intolé-

1. *Les illusions du progrès*, par G. Sorel, p. 10. Paris, 1908.

rantes. Le type des héros chers aux foules aura toujours la structure d'un César, son panache les séduit, son autorité leur impose et son sabre leur fait peur. Elles sont trop régies par l'inconscience et trop soumises par conséquent à l'influence d'hérédités séculaires, pour n'être pas extrêmement conservatrices, et ce furent les plus intraitables des Jacobins qui acclamèrent le plus Bonaparte quand il supprima toutes les libertés[1]. »

Ce n'est jamais en agissant sur l'intelligence et la raison, c'est-à-dire par voie de démonstration, qu'on impressionne la foule. L'exemple d'Antoine ameutant le peuple en lui montrant le cadavre de César demeurera classique.

Diminution de la puissance relative de la France.

Proportionnellement au développement rapide des autres grandes nations, les progrès très lents de la France inquiètent à juste raison tous les patriotes. Une grosse part des succès remportés par les armées de la Révolution et de

1. *Psychologie des foules*, par G. Lebon, p. 49. Paris.

l'Empire vers le début du dix-neuvième siècle fut due à l'écrasante supériorité numérique de la nation française. Sous tous les rapports : population, armée, marine, arts, sciences, commerce, industrie, etc..., la France venait au deuxième rang, il y a encore cinquante ans ; depuis, elle s'est laissée dépasser par plusieurs nations, et ce malgré les grands sacrifices qu'elle ne cesse de s'imposer. Le citoyen français étant le plus fortement taxé, il est aussi le plus endetté et celui qui sacrifie le plus à sa défense nationale ; les soldats français représentent, en 1909, les 0,64 °/₀ de la population contre 0,47 °/₀ en Allemagne, et 0,22 °/₀ en Belgique. C'est-à-dire que pour 100 naissances vivantes (1902-1906, Dr Lowenthal) d'hommes, on prend comme soldats en temps de paix : Russie, 20 ; Allemagne, 30 ; Autriche-Hongrie, 22 ; Italie, 30 ; France, 79.

La suprématie financière est la seule que nous conservions encore ; nous épargnons plus que les autres nations, puisque nous avons proportionnellement les 2/3 ou les 3/4 d'enfants en moins à élever. La moyenne des successions, seul moyen de constater notre enrichissement, était de 3.623 millions en 1861 ; la moyenne de la dévolution annuelle (successions et donations réunies) fut, de 1891 à 1895, de 6.930 millions, son apogée; elle baissa de 1904 à 1907 à 6.887 millions pour ces quatre années. Il y a recul alors que les autres nations augmentent. Sans doute, le taux de la mortalité dans la classe aisée est un peu moindre, le taux de l'intérêt un peu tendu (100 francs représente 1/3 de moins qu'en 1861), la crise agricole a déprimé la valeur des immeubles ruraux; en tout cas, les progrès de la richesse acquise sont devenus très lents en France en comparaison avec les progrès de l'étranger. A l'opposé, les salaires et les émoluments ont été augmentés et la richesse consommée dans l'année est bien plus élevée.

La population française n'augmente plus. En effet, l'excédent des naissances sur les décès par 10.000 habitants était en 1908 de : France, 18; Hollande, 155; Allemagne, 149; Norwège, 141; Angleterre, 121; Autriche, 113; Hongrie, 110; Belgique, 107; Italie et Suède, 106.

La mortalité baisse en même temps que la natalité pour deux raisons : 1° les progrès de l'hygiène et de l'aisance diminuent le nombre des décès à tous les âges; 2° le seul fait de la réduction des naissances doit entraîner une baisse de la mortalité, les enfants en bas âge étant les plus frappés par la mort; mais il y a des limites à la baisse de la mortalité. Or, la mortalité des adultes est en France plus forte qu'à l'étranger; la moyenne des cinq dernières années est : France, 19 °/₀₀; Allemagne, 18; Angleterre, 15; Scandinavie et Hollande, 14 à 15 °/₀₀.

L'accroissement des peuples allemand, anglais ou russe légitime leur croyance à la langue universelle. Au dix-septième siècle, le Français était la langue de l'élite mondiale; aujourd'hui, la langue doit être celle de la masse et doit donc se neutraliser et perdre ses qualités propres. Hentz Ewers, un Allemand, dans son livre *Weltsprachen* (1909), prouve que l'Anglais est parlé par 150 millions d'habitants, l'Allemand par 90 millions, le Russe par 80 millions, le Français par 50 millions, l'Espagnol par 40 millions.

En effet, la langue française recule. En Suisse, elle était parlée en 1860 sur la rive gauche de l'Aar, depuis sa source jusqu'à bien en aval de Berne. Le « Drang nach Westen », l'a fait reculer, et Sion, Fribourg, Bienne, forment la limite linguistique actuelle. Il y a 25 ans, en Bulgarie, Émile de Lavelaye (*A travers les Balkans*, tome II) s'émerveillait d'entendre les préfets, les médecins et jusqu'aux douaniers et télégraphistes s'entretenir en français. Avec la domination turque, le français s'en est allé; l'allemand est aujourd'hui le deuxième idiome d'usage vulgaire. En Belgique, le flamand, sorte de hollandais, est exhumé par les Allemands et opposé presque partout à la langue française. Aux États-Unis, les statistiques de la Commission de l'instruction publique de 1906 montre que dans les écoles secondaires, 50,24 °/₀ des élèves apprennent le latin; 20,96 °/₀ l'allemand, et 8,85 °/₀ le français. Dans les écoles privées, on trouve heureusement 27,27 °/₀ de français et 21,64 °/₀ d'allemand.

Au Canada, malgré une lutte héroïque et une natalité considérable, la population d'origine française voit son pourcentage diminuer chaque année par l'alliance de l'émigration étrangère à celle de la race anglo-américaine.

Égoïsme national.

Français, réveillons-nous, n'imitons plus l'autruche qui cache sa tête sous son aile afin d'éviter la vue de l'ennemi. Une France puissante et prospère est utile dans le monde : sa mission historique n'en a-t-elle pas fait l'avant-garde des idées de liberté et de générosité ; dans les lettres comme dans les sciences, n'a-t-elle pas toujours représenté le progrès et le désintéressement?

La France peut disparaître si nous ne supprimons pas ces honteuses maximes de paresse, d'égoïsme, de jouissance... produites par la fausse politique anti-aristocratique et démagogique que poursuit de malhonnêtes gouvernants. Voici des faits indiscutables pour le prouver.

Le Dr Bertillon termine son bel ouvrage *Alcoolisme* (Paris, 1904) par ces paroles désolantes : « La France périra pour ce double motif : moins nombre d'hommes, moindre valeur des hommes. » En 1906, la moyenne générale des litres d'alcool consommés, qui était de 8,33 par tête en Europe et de 5,85 aux Etats-Unis, atteint 15,87 en France.

Le nombre des débits de boissons a augmenté de 103.000, soit près de 28 p. 100 en vingt-six ans, de 1879 à 1905, et le nombre d'hectos imposés de 19 p. 100, soit de 220.111 litres. La différence de 9 p. 100 correspondant à peu près à 100.000 hectos peut représenter la quantité d'alcool imposable, soit 22 millions que perd le Trésor par le privilège des bouilleurs de cru.

Le sol improductif n'existe plus guère dans les grandes puissances; en France, les landes et marais occupent 1/9 du sol, soit 62.225 kilomètres carrés, plus que la Hollande et la Belgique réunies qui ont 13 millions d'habitants. Le sol français est moins bien cultivé, car la moyenne des bonnes années donne 15 hectos de céréales à l'hectare, contre 22 dans la marécageuse Hollande, 32 en Angleterre, 21 en Danemark, 19 en Belgique, 18 en Suède et autant (15) qu'en la montagneuse et froide Norvège.

A l'arrivée de Louis XVI, la France avait 25 millions d'habitants et 26 millions en 1789. La Russie en avait 25 millions, l'Allemagne 14 millions et 28 millions avec la Prusse, l'Autriche 18 millions, l'Angleterre et l'Irlande

12 millions. La France formait donc les 28 centièmes (+ que le 1/4) de la population totale de l'Europe. C'est, avec l'enthousiasme, le secret du triomphe de la Révolution. En 1905, la France comptait 39 millions d'habitants (73 par k^{m2}), l'Allemagne, 58 millions (105 par k^{m2}); l'Angleterre, 43 millions (132 par k^{m2}); l'Italie, 33 millions (114 par k^{m2}). Enfin, nous avons plus de 1 million d'étrangers vivant en France. Adieu la revanche et notre influence mondiale.

Nos gouvernants démocrates perdent leur temps à discuter si l'impôt se prendra dans la poche de droite au lieu de se prendre dans la poche de gauche et cherchent ce qu'ils peuvent faire pour tourmenter des prêtres qui mettent leur morale au-dessus de leurs lois. On a surtout expérimenté la loi de naturalisation automatique de 1889 dont l'influence est discutable en Algérie; enfin, on propose de remplacer par de courageux et économiques soldats nègres, fétichistes et même musulmans, des régiments entiers de soldats français débiles et anémiés, que la conscription française s'obstine à enrégimenter. La naturalisation intensive a toujours échoué à Rome, à Sparte, à Athènes, elle a même précipité la chute de ces puissances, alors qu'elle était réclamée (Cicéron) et faite pour combler les vides creusés par la guerre ainsi que par la dépopulation.

Le professeur allemand Rommel écrivait : « Le moment approche où les cinq fils pauvres de la famille allemande viendront à bout du fils unique de la famille de France. » Le raisonnement frivole et égoïste du Français appliqué à une nation est synonyme de décadence, d'invasion, de désastre. — « Vous ne voulez pas, conclut-il, vous payer des enfants, supporter les ennuis et la charge de leur éducation ; vous payerez ceux qui ont besoin de place et d'argent et qui viendront prendre chez vous ce qu'ils ne trouvent pas chez eux. — C'est sauvage, c'est monstrueux, c'est ce que vous voudrez ; mais, malheureusement, c'est naturel. »

Et déjà augmente en France le nombre de voix qui conseillent au peuple français de renoncer à la concurrence politique, mercantile et industrielle avec les peuples de race germanique, de revenir à une vie silencieuse, idyllique, de bien-être confortable, et de se contenter d'œuvres civilisatrices dans l'art et les sciences. La population de la France ne s'accroît que par l'émigration, et l'on peut prévoir le jour prochain, dans une génération et demie (45 à 50 ans), où, déchue de son rôle de grande puissance politique, elle jouera en Europe à peu près le rôle actuel de l'Espagne.

La démocratie est obligée pour vivre de faire appel à des principes différents en apparence contradictoires, sans les sacrifier les uns aux autres, mais en les modérant les uns par les autres. Selon E. d'Eichtal[1] la plupart des régimes disparus n'eurent point eux-mêmes de doctrine vraiment définie. Ils furent le résultat de circonstances, de sentiments historiques parfaitement dissemblables. Demain comme hier, un évènement difficile à prévoir, soit une invention scientifique, peut bouleverser la vie laborieuse.

C'est le système du contrepoids aristocratique dont nous manquons en France, mais la forme d'un gouvernement à tendances trop démocratiques n'est pas plus coupable de la décadence d'une nation que ne le serait un gouvernement monarchique non parlementaire.

1. *Idéal social*, Eug. d'Aichthal (Alcan, 1910).

CHAPITRE II.

DISCUSSION SCIENTIFIQUE.

Ce volume d'information documentaire ne peut contenir de discussions arides et nettement scientifiques. De plus, l'aristocratie personnelle, comme nous la comprenons, nécessite, pour devenir héréditaire et pour le rester, un ensemble de conditions qui n'ont point été objectées dans les raisonnements ci-dessous.

Nous énumérons, scientifiquement, les principales raisons qui militent pour ou contre l'aristocratie, renvoyant nos lecteurs aux livres que nous indiquons ci-dessous et surtout aux très intéressants ouvrages intitulés :

Les sélections sociales, par M. Vacher de Lapouge (1896), A. Fontemoing, Paris). Ce livre, grand in-8° de 500 pages, est, malgré son antireligiosité, un des meilleurs livres démontrant par la biologie les vérités de la sélection et de l'hérédité. C'est surtout à lui que répond le savant livre du professeur G. Bouglé, *La Démocratie devant la science*, Paris, 1906, un des meilleurs écrits glorifiant la démocratie et dont nous analysons rapidement la partie qui nous intéresse.

Les hasards de la naissance ou de la situation déterminent, selon lui, notre orientation politique. Nous nous laissons mener par des traditions ou par des impulsions également irraisonnées. Les idées égalitaires qui dirigent le mouvement démocratique sont-elles légitimes ou illégitimes, pratiques ou utopiques? Le régime des concours est substitué presque partout au régime des castes, et ce n'est plus l'égalité juridique ou civique qui est réclamée aujourd'hui, mais l'égalité politique.

L'impôt sur le revenu semble instituer une caste privilégiée, puisque ceux qui en sont dispensés jouissent des mêmes droits et avantages que ceux qui le paient, pourrait-on objecter.

Différenciation — hérédité — concurrence — voilà, selon les aristocrates, les gardiennes du progrès universel. Si les vivants se perfectionnent, c'est que — les éléments des organismes se spécialisent sans réserve et sans retour (Darwin), — c'est que les qualités des individus s'incrustent dans leur race (Lamarck), — c'est que les faibles disparaissent devant les forts (Milne-Edwards).

D'où, pour avoir résisté à la nature, les nations qui auront cédé à la démocratie seront rayées de l'histoire. L'école naturaliste, la biologie a ainsi attaqué l'esprit démocratique.

La doctrine de l'évolution est le meilleur antidote contre les absurdes utopies égalitaires ; le darwinisme ne saurait être qu'aristocratique et nullement démocratique (*Les preuves du transformisme*, Hæckel). La nature a horreur de l'égalité (Garofalo). La science répond qu'en dehors d'un régime aristocratique il n'y a point de salut pour une nation, que l'Idéal démocratique n'est dans son ensemble et dans son détail qu'un résumé d'erreurs (*Les Classiques*, P. Bourget). L'anthropologie réfute victorieusement les erreurs du dix-huitième siècle et démontre qu'un régime démocratique est la pire condition pour faire de bonne sélection (*Les sélections sociales*, Vacher de Lapouge). Les gens de la Terreur disaient : la fraternité ou la mort; la science politique dit aux peuples : l'inégalité ou la mort (*Enquête sur la monarchie*, C. Maurras; Paris, 1909).

M. Bouglé examine dans *La Démocratie devant la science* des opinions de ce genre. « Presque toutes les civilisations, écrit-il, page 73, ont connu la forme aristocratique, car une civilisation proprement dite ne saurait naître sans elle. Pour que surgissent les grandes inventions qui constituent la civilisation — rites, arts, sciences pratiques et techniques de toutes sortes — encore faut-il que tous les hommes ne soient pas perpétuellement courbés sur la terre par les soins matériels. Le loisir est aussi nécessaire à l'esprit humain pour qu'il fleurisse que l'oxygène à la plante. Les loisirs de la classe noble en faisaient donc le foyer désigné des inventions civilisatrices. Comme elle est faite pour créer, elle est encore faite pour conserver.

« Parce qu'elle se recrute dans le même cercle de famille, unie dans le même culte du même idéal, elle n'est pas exposée à perdre ce qu'elle a acquis : le respect des aïeux lui commande la sauvegarde de leurs œuvres. Enfin, elle propage ces œuvres, puisque les peuples se contemplent et se mirent en quelque sorte en elles[1]. »

1. V. Tarde, *Les transformations du pouvoir*, p. 74.

M. Odin (*Genèse*, I, p. 541) a recherché les classes auxquels appartenaient 6.382 gens de lettres, nés en France depuis le treizième siècle. Il arrive à cette conclusion que la noblesse a produit — relativement à son nombre — vingt-trois fois plus de gens de lettres de talent que la bourgeoisie, et deux cents fois plus que le prolétariat, ce dernier chiffre n'étant encore qu'un minimum. Les nobles ne durent pas. Les Spartiates étaient 9.000 au temps de Lycurgue et 700 en l'an 230. A Rome, pour ramener le Sénat au chiffre constitutionnel de 300 membres, il fallut y faire entrer 177 plébéiens. En Angleterre, sur 600 familles de la plus ancienne noblesse, il n'y en a que 5 aujourd'hui qui puissent remonter en ligne directe par les hommes jusqu'au quinzième siècle[1]. Les noblesses municipales s'éteignent de même. A Augsbourg, en 1368, on comptait 51 familles de sénateurs, il n'en reste que 8 en 1538. A Lubeck, en 1848, on sonna les cloches en l'honneur de la mort du dernier rejeton des classes nobles.

Les guerres, les duels, l'horreur de la mésalliance qui amène des mariages consan-

1. Kidd, *Evolution sociale*, page 251.

guins, le surmenage intellectuel qui entraîne l'épuisement nerveux, les excès sensuels amenés par l'oisiveté, enfin les privilèges qui sauveront le grain taré, sont les causes principales de l'usure de la noblesse. Esquirol note seize fois plus de maladies mentales dans la haute noblesse et les familles royales que dans le peuple. En effet, les avantages sociaux assurés par la noblesse à ses enfants aide les divers éléments de la race, si dégradés qu'ils soient, à faire souche à leur tour; par leurs mariages consanguins, leurs tares sont non seulement conservées, mais multipliées; et de là suit la dégénérescence progressive de la race entière. Le croisement est donc une nécessité vitale. En travaillant à mêler les classes, la démocratie obéit, bien loin qu'elle le contrarie, au vœu de la nature (Bouglé, p. 89).

De la bourgeoisie.

Le prestige social dans nos sociétés modernes tourne le plus souvent autour de la richesse, qui est ordinairement le résultat d'un privilège de naissance, puisqu'il provient d'un héritage. Le règne de la bourgeoisie repose en définitive sur l'alliance des hautes fonctions avec les gros capitaux; ses avantages moraux sont le plus souvent soudés à des privilèges économiques.

Si la noblesse était une aristocratie terrienne et rurale, la bourgeoisie est surtout une aristocratie urbaine et citadine. Or, la ville fait une énorme consommation d'hommes, car la race s'y trouve consommée en trois ou quatre générations. L'aristocratie bourgeoise est donc la plus exposée à l'épuisement. Ses loisirs lui permettent de cultiver son esprit au mieux de l'intérêt général; d'un autre côté, par cela même qu'elle excite l'envie des non-possédants, ces privilèges lui donnent un coup de fouet salutaire et décuplent son ardeur à développer toutes ces facultés naturelles. D'autre part, une classe supérieure, soucieuse de son prestige, choisira ses femmes et isolera ses enfants avec un soin jaloux; donc, en évitant méthodiquement les contacts qui débauchent ou dégradent l'esprit et les mélanges qui abâtardissent le corps, elle aidera l'hérédité et l'éducation à produire leurs meilleurs effets[1]. Galton a établi la courbe de fréquence des talents, et rapprochée

1. Ammon, *L'Ordre social,* pp. 129 et suiv.

de la courbe des revenus, l'on constate que les talents supérieurs ne sont pas plus frequents que les revenus supérieurs. En fait, d'une manière générale, les deux courbes coïncident. On pourrait croire, selon Malthus, que les classes sociales les plus dénuées seraient aussi les moins fécondes ; or, le contraire se produit ; c'est par en haut que la dépopulation d'une société commence.

La fécondité littéraire des classes apparaît proportionnelle au moyen que possède chaque classe de fournir à ses ressortissants un milieu éducateur convenable, et les classes inférieures peuvent se révéler riches en individualités supérieures, comme le prouvent les époques de bouleversement social. Exemple : la grande Révolution française.

L'infécondité des classes dirigeantes et possédantes est surtout due à la crainte qu'un grand nombre d'enfants réduise les parents à la gêne ou ne gêne les enfants eux-mêmes en diminuant la richesse nécessaire pour que chacun d'eux garde son rang et ne tombe pas dans une situation réputée inférieure[1]. Cela

1. Dumont, *Dépopulation et civilisation*, p. 217.

prouve que pour s'introduire ou se maintenir dans les sphères supérieures de nos sociétés, il faut moins compter sur sa personne que sur les choses, sur les appuis matériels et les propriétés. L'institution actuelle des classes empêche les naissances (aux Etats-Unis beaucoup de ménages seulement aisés sont volontairement stériles), puis hâte la mort des individus réputés les plus précieux à la société, ces rejetons étant souvent mal venus et inférieurs à leurs fonctions sociales (Bouglé, p. 102).

D'Archias et de Candolle ont démontré qu'actuellement, à la surface du globe, l'aire occupée par les espèces est d'autant moindre que la classe dont elles font partie est plus « élevée »; que moins les animaux et les végétaux sont « parfaits », plus aussi ils se propagent dans les contrées différentes. Les Bretons, les Auvergnats en France, les Italiens, les Juifs russes, les Polonais en Europe, les Chinois, les nègres et les Indiens par ailleurs en sont une preuve pour l'espèce humaine. En général, moins un être est spécialisé, plus il est apte à survivre aux secousses qui bouleversent les conditions de la vie; ses besoins étant plus élémentaires, sa survivance est mieux assurée ; moins exposé que les autres, il a plus d'avenir. M. Lalande a pu dire, à l'opposé de Milne-Edwards, que la différenciation conduit à la mort, et ce d'autant plus sûrement qu'elle est plus assurée[1].

M. Bouglé conclut ainsi dans *La Démocratie devant la science* (p. 301) :

« Il nous paraît, jusqu'à plus ample informé, que la morale scientifique, même sociologique, continuerait de supposer, pour agir sur la conduite, la présence d'un certain nombre de tendances qu'elle ne suffirait pas à produire; et c'est tantôt dant le sentiment individualiste, tantôt dans l'esprit social que nous avons aperçu ces cordes nécessaires sans lesquelles les âmes ne vibreraient pas. L'idéal démocratique a besoin pour vivre que ces deux aspirations coexistent ou plutôt s'allient étroitement, le véritable sens de l'égalitarisme moderne étant la synthèse de l'une et de l'autre. »

Avenir de la société.

Puisqu'il semble que l'histoire ne se répète jamais absolument, que les démocraties grec-

1. M. Lalande, *La Dissolution opposée à l'évolution*, p. 146.

ques étaient aristocratiques — elles reposaient sur l'esclavage — et que la Suisse est un petit pays impossible à comparer aux autres, quelle forme prendra donc la démocratie actuelle? Celle du solidarisme. Le solidarisme semble en passe de devenir pour la troisième République française une manière de philosophie officielle[1]. Impliquant une dépendance réciproque des personnes, elle est, selon M. Mabilleau, incompatible avec les principes de charité du christianisme, qui considère, selon M. Loisy, la terre comme un lieu d'exil; la possession du royaume des cieux lui faisant montrer une suprême indifférence à l'égard des intérêts humains. La doctrine dite solidarisme a été constituée[2] pour faire reposer le devoir de bienfaisance, non plus sur la charité ou l'amour, comme sur un sentiment subjectif et libre, mais sur une idée, sur un principe scientifique et rationnel, propre à justifier l'intervention de la force publique. L'Etat doit donc limiter, mais respecter le régime de la propriété privée; car, selon Ch. Renouvier, il est

1, Bouglé, *Le Solidarisme*, F. Alcan, 1907.
2. M. Boutroux (Acad. des sciences, 1903).

favorable à l'émulation des initiatives et à la répartition des responsabilités ; il entretient le système de production le plus actif que l'humanité ait encore connu.

Kropotchine, dans un célèbre livre, *l'Entre-Aide*, où il recherche le solidarisme chez les plantes comme parmi les animaux, puis les hommes, soutient à peu près la même thèse.

Hubert Spencer a pu prouver que l'instruction ne rend l'homme ni plus moral ni plus heureux, qu'elle ne change pas ses instincts et ses passions héréditaires, et qu'elle est parfois plus pernicieuse qu'utile ; les criminalistes le prouvent aussi.

Jhering et Marx ont pu soutenir ce paradoxe : l'argent est le plus grand apôtre de l'égalité. Sur le marché, il n'y a plus qu'un échangiste en face d'un échangiste ; race, nation, religion, tout ce qui distingue les hommes est alors momentanément oublié.

Les grandes villes, les capitales, sont les aristocraties impersonnelles des temps démocratiques et ne sont pas sans participer aux vices et aux qualités propres des corps nobiliaires qu'elles amplifient même en les reflétant. Même orgueil entretenu par une même admiration béate où il entre une reconnaissance assez justifiée des services rendus ; même rayonnement imitatif d'idées, le besoin de modes quelconques, d'immoralités et de moralité supérieures ; même usure et affinement rapide de la race qui vient se consommer et se consumer là[1].

Au milieu des ténèbres de l'avenir, on peut déjà découvrir trois vérités très claires.

La première est que tous les hommes sont entraînés par une force inconnue qu'on peut espérer régler et ralentir, mais non vaincre, qui les pousse vers la destruction de l'aristocratie.

La deuxième, que parmi toutes les sociétés du monde, celles qui subiront le plus facilement un gouvernement absolu seront précisément ces sociétés où l'aristocratie n'est plus et ne peut plus être.

La troisième, que nulle part les effets du despotisme ne seront aussi pernicieux que dans ces sociétés, car, plus qu'aucune autre sorte de gouvernement, il y favorise le développement

1. *Les Transformations du pouvoir*, par G. Tarde. Paris, 1899.

de tous les vices auxquels ces sociétés sont spécialement sujettes. Les hommes, n'y étant plus rattachés les uns aux autres par aucun lien de caste, de classe, de corporation, de famille, n'y sont que trop enclins à ne se préoccuper que de leurs intérêts particuliers, à n'envisager qu'eux-mêmes, se retirant dans un individualisme étroit où toute vertu publique est étouffée. Le despotisme socialiste, loin de lutter contre cette tendance, la rend irrésistible ; car il retire aux citoyens toute passion commune, tout besoin mutuel, toute nécessité de s'entendre, toute occasion d'agir ensemble ; il les mure, pour ainsi dire, dans la vie privée, comme le furent les Chinois pendant plus de quinze siècles.

Vraies fonctions de l'Etat.

La justice, bien absolument général et commun, est la fin universelle par essence des gouvernements ; l'Etat a pour tâche essentielle de l'assurer. C'est la justice même qui a imposé et qui imposera des interventions croissantes de la collectivité dans les relations contractuelles et même économiques. En vue de la justice, l'Etat rend obligatoire l'instruction et prend des mesures protectrices de la moralité publique.

L'instruction a en outre un rôle réparateur à l'égard des individus nés dans une situation inférieure sous le rapport des biens matériels; c'est un instrument gratuit de travail et une restitution partielle de la portion due à tous sur le patrimoine commun. S'il y a un budget des beaux-arts, c'est parce que l'art est considéré comme un moyen d'assurer une certaine élévation des âmes sans laquelle un peuple perdrait, avec l'esprit de désintéressement, l'esprit même de moralité et de justice. On peut aussi bien justifier les budgets des ministères des cultes, de prévoyance sociale, etc...

Comme utilité générale, l'Etat moderne doit assurer les services qui ne sont pas assez rémunérateurs pour intéresser des unions libres de particuliers et dont l'intérêt général profite à tous les citoyens. C'est le cas des budgets des postes, des télégraphes, des téléphones, etc... Même raisonnement pour la culture scientifique la plus haute et la plus désintéressée, pour les grandes œuvres d'assistance aux malades, infirmes et indigents... et à la rigueur pour les retraites ouvrières. Les travaux publics, routes, chemins de fer, irrigations, sont ordinairement d'intérêt trop collectif pour être exploités par des particuliers, sans le contrôle de l'Etat.

Les classes du travail.

C. Andler déclare que toute doctrine socialiste renonce à être de la science. On n'est socialiste que par conviction philosophique ou par sentiment. Un idéal ne peut se démontrer. Aussi Lagardelle, méprisant la démocratie, produit bourgeois, veut y substituer un mot nouveau, la sociocratie[1].

A mesure que les capitaux s'accroissent, dit justement Bastiat, la part absolue des capitalistes dans les produits totaux augmente et leur part relative diminue. Les travailleurs voient augmenter leur part dans les deux sens ; en effet, les Sociétés augmentent leur capital, l'intérêt baisse, le nombre des ouvriers et le salaire par ouvrier augmentent.

La division en classe capitaliste ou possé-

1. C. Andler, *Origines du socialisme en Allemagne*, p. 5.

dante et prolétarienne est difficile à fixer. Dans laquelle entre l'ouvrier technique à 15 francs par jour? Peut-il exister un tarif maximum par région? L'ouvrier des Etats-Unis a-t-il le droit de s'opposer ou de limiter le travail nègre, jaune, italien? Le petit propriétaire est-il moins intéressant que l'ouvrier gagnant autant et possédant quelques obligations? Et la réglementation des heures de travail? Ne voit-on pas souvent les ouvriers des trusts faire cause commune avec eux, contre les patrons indépendants?

En réalité, il existe de nombreuses classes, depuis l'ouvrier manœuvre au spécialisé, de l'ingénieur au directeur, puis au grand capitaliste. Les patrons unis par des trusts ont à lutter contre la concurrence représentée par les isolés et les réfractaires et contre les consommateurs; les ouvriers ont aussi leurs luttes entre syndiqués et non syndiqués, entre travailleurs qualifiés et non qualifiés, entre indigènes et immigrants. L'empire d'Allemagne a justement organisé trois classes de fonctionnaires ne pouvant se mêler et absolument distinctes : c'est l'officier ou administrateur, le sous-officier ou agent dans les diverses carrières, et enfin le soldat ou sous-agent recruté parmi les anciens soldats ou sous-officiers après un petit examen.

Du socialisme d'Etat.

Les socialistes peuvent se diviser en étatistes et non étatistes. Les premiers sont de beaucoup les plus nombreux ; ils sont aussi les plus logiques, car le socialisme est par essence la remise à l'action collective du soin d'assurer les trois grandes fonctions économiques : la production, la distribution et la consommation.

La production varie avec les besoins individuels, avec les demandes, les goûts, avec les facultés et le travail. L'Etat ne peut socialiser une production sans y être obligé par quelque conflit inextricable de droits et d'intérêt. Les monopoles de l'alcool, des tabacs, des allumettes, des assurances, du gaz... sont ordinairement injustifiés. Il s'établit ainsi une sujétion d'une minorité à une majorité, souvent même d'une majorité inerte à une minorité remuante qui s'est emparée du pouvoir.

La consommation varie avec les individus et les besoins ; elle ne peut donc être universalisée comme le veulent les communistes.

La distribution universelle est encore plus irréalisable pour l'Etat. Comment et suivant quelle règle fera-t-il la répartition? M. Jaurès répond : « Evidemment, il chercherait à restituer à chaque travailleur, au prorata de son travail, le surcroît du produit abandonné par lui ; c'est-à-dire qu'avec l'universalité de l'Etat patron, les travailleurs toucheraient à peu près l'intégralité du produit de leur travail. » L'Etat devrait donc avoir l'absolue justice dans ses intentions et l'absolue sagesse dans ses calculs. Le prix de la marchandise sera réglée « non par la volonté arbitraire du législateur, mais par le rapport de la quantité de travail contenue dans les autres marchandises ». — Ne faut-il pas toute la science divine pour déterminer ce rapport et en dehors de tout arbitraire? La quantité seule fait-elle la valeur, ou est-ce le besoin, l'outillage, le capital emmagasiné ? Devons-nous consommer immédiatement ou l'Etat devra-t-il retenir une portion pour capitaliser et pour épargner? Le travailleur ne sera-t-il pas frustré du produit intégral tant promis au profit d'une communauté où il sera presque impossible de contrôler l'emploi de l'argent?

Révolution fiscale.

Le moyen légal d'arriver à la suppression de la propriété individuelle est extrêmement simple ; le célèbre socialiste américain « George » nous l'enseigne : il consiste à grever la propriété d'impôts supérieurs au revenu qu'elle donne. Dès lors, au point de vue économique et financier, elle vaudra moins que rien et quelques privilégiés seulement seront assez riches pour la garder encore un temps dans ces conditions onéreuses, comme un tableau de maître, un cheval de sang ou un collier de diamants.

Cette révolution fiscale vient de commencer en France et en Angleterre, et par la puissance de l'excitation elle gagnera bientôt d'autres pays. Une proportion grandissante s'accuse entre les charges que les États se sont imposées et leurs moyens pécuniers : dans ces dix dernières années les budgets de toutes les grandes nations ont subi une progression extrême, les majorations variant de 20 p. 100 (Autriche-Hongrie) à 165 p. 100 (Japon).

Les démocrates avancés, nommés sociocrates, considèrent comme caducs et abandonnés les principes financiers établis par la grande Révolution française, et reprennent pour leur compte le mot du maréchal de Villeroy disant à Louis XV enfant : « Tout cela, sire, est à vous. » Ils croient représenter le peuple auquel tout appartient et qui peut tout prendre, les propriétés particulières comme les successions. L'argument irrésistible du ministre des Finances nouveau système, c'est que telle taxe ou telle surtaxe ne portera que sur un très petit nombre de contribuables, tous les autres en seront exemptés, par conséquent, elle est opportune et légitime.

Le régime fiscal moderne se recommandait, selon P. Leroy-Beaulieu, par les traits suivants : la complète égalité des citoyens devant l'impôt, ce qui rend effective la célèbre formule « qu'il n'y a d'impôt légitime que celui qui a été consenti par le contribuable ». L'impôt est donc réel et impersonnel, c'est-à-dire portant sur les biens concrets, sans intrusion dans la vie du contribuable, dans ses affaires, dans sa situation spéciale, dans ses secrets ; l'État recourant à des signes extérieurs, à des indices sagement choisis et interprétés pour taxer les revenus qui ne se dénoncent pas eux-même. L'emploi d'une partie des plus values d'impôts et du produit des conversions de dettes publiques sert à réduire graduellement les taxes les plus gênantes pour la consommation générale. Enfin, ces taxes directes et proportionnelles admettaient quelques exceptions ou réductions à la base. On peut dire que le Français qui ne fume ni ne boit d'alcool apporte un tribut des plus légers aux contributions indirectes, car les droits de douane ne sont pas seulement établis dans un dessein fiscal, mais dans l'espoir de protéger le travail national ; aussi peut-on dire qu'un ménage riche paie à l'État plus du double d'un ménage pauvre.

On peut fixer le prélude de la révolution fiscale en Angleterre à la mise en vigueur de l'impôt progressif sur les successions et de cette même loi établie en France en 1901. Elle se fait sentir dès avril 1907 en Angleterre, où la taxe successorale monte jusqu'à 25 p. 100. En 1910 elle s'ınpose en France, où la Commission du budget porte le maximum de la taxe successorale à 29 p. 100 et accepte de l'élever encore de 25 p. 100 pour appliquer la loi sur les retraites ouvrières. De par ces confiscations, n'est-ce pas du maintien de l'héritage dont il est question? L'impôt de surtaxe, de capitalisation ou complémentaire sur le revenu prôné par les socialistes d'État est enfin introduit en Angleterre pour 1910, et dix-mille victimes vont supporter les excès présents et futurs de la taxation, alors qu'en France, où les fortunes et les revenus se trouvent disséminés, on l'appliquera à cinquante mille victimes.

La révolution fiscale est faite surtout en vue d'introduire les lois d'assurances sociales; or, ces lois, obligatoires en Allemagne, y sont payées par les intéressés, l'État n'y contribuant que pour 61 millions en 1906 et environ 67 millions en 1909, soit 1 franc par habitant, ce qui constitue de l'excellente philantrophie à bon marché. Une seule de ces assurances, l'assistance aux vieillards et infirmes, votée en 1905 en France. coûte en 1909 89 millions au seul État. En Angleterre les seules pensions ouvrières pour les vieillards coûtent, en 1909 220 millions à l'État seul contribuant et lui coûteront 300 millions prochainement.

Du collectivisme.

Le collectivisme moderne est une invention récente. Karl Marx en fut le véritable fondateur. Sa théorie se trouve exposée dans son fameux ouvrage : *Das Kapital*, œuvre aussi abstraite qu'un traité de mathématiques et d'une lecture bien plus fatigante. Karl Marx professe le plus profond dédain pour les idées en général, pour les idées morales et religieuses en particulier. D'après lui, le travail est la seule mesure réelle à l'aide de laquelle la valeur de toutes les marchandises peut toujours s'estimer et se comparer. C'est donc uniquement le travail, par conséquent l'ouvrier, qui crée le capital. Dès lors, le capital tel qu'il est constitué aujourd'hui, est le résultat d'une spoliation. Il faut donc replacer le capital entre les mains de son véritable propriétaire, c'est-à-dire entre les mains de la collectivité des travailleurs, par conséquent entre les mains de la société. C'est ainsi que, de raisonnement en raisonnement, l'auteur en arrive à considérer l'Etat comme le patron universel chargé de diriger le travail et d'en répartir équitablement les produits. Les socialistes révolutionnaires ont formulé ces théories en programme au Congrès de Gotha en 1877 pour la première fois.

Motifs de sa vogue.

Parmi les principales causes de la vogue mondiale des idées socialistes, nous trouvons en première ligne l'éducation actuelle, cause du prolétariat intellectuel. En effet, chaque année, les lycées et les universités, dans lesquels l'État distribue à grands frais une instruction souvent impropre, jettent sur le pavé de jeunes déclassés plein d'ambition, sans principes moraux directeurs, incapables de se créer des situations dans l'industrie ou d'émigrer courageusement, et qui trouvent qu'au banquet de la vie toutes les places sont déjà prises. Que d'ambitions a surexcité en France, dans le monde lettré, la prodigieuse fortune politique de MM. Jaurès, Briand et Cie! L'université a tout un personnel prêt à rompre son engagement décennal pour se jeter dans la politique socialiste, et les étudiants ont partout constitué des groupes collectivistes chaque jour plus nombreux et plus exaltés.

Pourquoi les ouvriers, façonnés par une éducation qui bourre leur intelligence d'un fatras inutile et leur laisse ignorer les bases mêmes de leurs métiers, se laissent-ils attirer par les théories du paradis terrestre? Une faible partie de ce résultat provient de la littérature malsaine qu'ils absorbent avec les alcools à bas prix au milieu de fumées épaisses et de camarades vicieux. Le vrai motif, c'est la concurrence universelle devenant de plus en plus grande au fur et à mesure que la civilisation s'étend sur des pays nouveaux; c'est la cause primordiale de la situation précaire des ouvriers même techniques, donc celle des troubles qui en découlent. Après la production du blé, c'est celle de la laine, puis celle du coton qui devient aujourd'hui débordante; c'est le fer, le cuivre, la houille qui se produisent sur tous les points du globe. La grande baisse des matières premières entraîne la baisse des premiers fabricats, tandis qu'au contraire les objets de consommation, dans lesquels la main-d'œuvre tient la première place, restent chers en raison de l'élévation même des salaires. En même temps que les débouchés se resserrent pour les industries de l'Europe, le nombre de ses ouvriers augmente sans cesse. L'émigration dans les villes rend la question des chômeurs et des sans-travail partout aiguë. Si en France la stérilité systématique d'une trop grande partie de nos populations empêche le problème de se poser sous cette forme, la diminution relative de nos exportations cause bien des perturbations, et l'infiltration des races voisines, plus prolifiques et plus endurantes, soulève bien des conflits locaux. A une pareille situation, il n'y a, en outre de quelques palliatifs temporaires, d'autre remède que l'émigration des bras et des capitaux, et le remède est toujours à renouveler.

Erreur du collectivisme.

L'erreur de l'égalitarisme socialiste est d'être lui aussi un anachronisme. En effet, plus la tendance de la solidarité se développe, plus l'individu est subordonné à la société, plus aussi il prend l'habitude de compter sur cette dernière et moins il compte sur lui-même, moins il fait d'efforts pour gagner sa vie. Il devient passif en face des difficultés de la vie : son énergie, sa volonté, son aptitude à l'effort s'émoussent. Et il n'y a pas d'autre cause à l'infériorité de l'Orient vis à vis de l'Occident. A mesure donc que l'aptitude individuelle baisse ainsi, sous l'influence de ce milieu, il faudrait que l'aptitude de la collectivité, de la solidarité sociale en un mot, augmentât dans la même proportion pour rétablir l'équilibre. Malheureusement, c'est le phénomène inverse qui se produit, puisque cette société à laquelle on fait appel n'est en réalité que la somme des individus qui la composent. Par conséquent, elle est de même nature, et ce qui affaiblit, ce qui appauvrit chaque individu, affaiblit et appauvrit l'ensemble, c'est-à-dire la société. Donc, à mesure que l'appel à la solidarité est plus nécessaire, il devient plus difficile et moins efficace. Ce système social a donc un double inconvénient : il enfante des incapables, il les multiplie de plus en plus, et, en même temps, il devient de moins en moins apte à les assister et à les secourir.

Ce n'est pas l'idée d'assister les autres qui explique le succès de la doctrine égalitaire; il s'explique, au contraire, par le désir de se faire assister, pensionner, patronner à un titre et à un degré quelconque par l'Etat, par la collectivité sociale. Voilà qui est séduisant, éminemment populaire, et qui révèle du premier coup l'égoïsme latent sous les trompeuses apparences de la solidarité. L'homme a plus d'entrain pour être fonctionnaire que pour être contribuable; de même il a plus d'entrain pour envisager la solidarité à son profit que pour l'envisager au profit des autres. Le fonctionnarisme développé jusqu'à l'exagération est la caractéristique des gouvernements à tendance socialiste. Nulle part, il n'est aussi développé qu'en France où il est officiellement reconnu plus de neuf cent mille fonctionnaires; aussi leur fardeau s'y fait-il plus sentir qu'ailleurs, puisqu'en 1908 chaque citoyen des Etats-Unis payait 5 francs par an pour ses fonctionnaires au lieu de 10 francs en Angleterre, 15 francs en Allemagne et 25 francs en France!

Son avenir.

Que devient l'homme sous un régime de communauté? Il devient comme un fonctionnaire ou un employé d'administration, et l'on sait assez que cette situation ne développe pas la puissance de travail, par la raison que ce régime tue l'intérêt personnel obligatoire pour un bon travail. Aussi lorsque ce régime est pratiqué, de père en fils, pendant une longue suite de générations, ses effets s'accentuent encore plus ; la puissance de travail décroît d'une certaine quantité à la première génération, d'une quantité un peu plus forte à la deuxième et ainsi de suite, jusqu'à ce qu'on soit arrivé à cette parfaite indolence de l'Oriental, qui réduit son effort strictement à ce qu'il faut pour ne pas mourir de faim. Malheureusement, cet idéal de repos est inapplicable pour deux raisons péremptoires.

La première, c'est que les circonstances purement matérielles qui ont fait naître et qui ont développé dans l'humanité la formation communautaire n'agissent plus aujourd'hui avec la même généralité, avec la même intensité. La formation communautaire a été originairement implantée par la vie pastorale ; or, le monde en est aujourd'hui éloigné par le temps autant que par les conditions économiques et sociales de la vie actuelle. La cause naturelle, qui a développé la formation communautaire, n'agissant plus, il faudrait reconstituer le type d'une façon purement artificielle, par voie de contrainte, par l'intervention de l'Etat. Pour mener à bien une pareille création, il faudrait aller directement contre la nature des choses et triompher de la résistance de tous les intérêts coalisés, puisqu'il ne s'agirait de rien moins que de déposséder tous ceux qui détiennent une parcelle quelconque du sol, une parcelle quelconque des instruments de travail. Même en les supposant les plus accommodants du monde, on ne voit pas bien comment on s'y prendrait. Mais les collectivistes ne s'embarrassent pas de si peu. Supposons qu'ils aient donc réussi à rendre tous les hommes esclaves du Dieu-Etat, ils verraient se dresser devant eux le second obstacle qui leur barrerait impitoyablement la route.

On verrait, en effet, ces sociétés collectives frappées de la même infériorité organique, de la même impuissance constitutive, qui a jeté les peuples de l'antiquité sous la domination romaine. Vraiment, le moment est bien choisi pour pousser les peuples vers le socialisme! Alors que la force qui a créé la supériorité de l'Occident sur l'Orient est à son maximum d'intensité, ces esprits avisés ne trouvent rien de mieux à nous proposer que de nous mettre purement et simplement au régime que l'Orient rejette, au « Mir » que la Russie vient de supprimer. Le résultat ne se ferait pas longtemps attendre. En effet, que voyons-nous en jetant les yeux autour de nous? Nous voyons que les peuples de l'Occident s'y sont établis en dominateurs au milieu des divers peuples de l'Orient, qu'ils y fondèrent des colonies et des comptoirs et en annexèrent même sans autre forme de procès. Or, dans cette œuvre de domination graduelle du globe, c'est la race anticommunautaire anglo-saxonne qui tient la tête. Si donc, de gaieté de cœur, nous nous mettions au régime social des peuples de l'Orient, nous augmenterions encore l'immense avance qu'a sur nous la race anglo-saxonne et nous nous livrerions à elle.

CHAPITRE III.

ÉBAUCHE D'UNE ÉLITE NATIONALE.

Aristocratie démocratique.

La démocratie a beaucoup plus besoin d'autorité que la monarchie, car dans la monarchie, il y a une armature solide qui coordonne et maintient tout le corps social, si cette armature disparaît, tout se dissout et tombe en ruine (V. Augagner).

Rétablir en France une aristocratie en rapport avec l'état de la société au vingtième siècle semble être un paradoxe. Et d'abord, il s'agit de s'entendre sur la valeur des mots. Le peuple est souverain, il choisit sa forme de gouvernement, délègue à qui a sa confiance le soin de diriger cette forme de gouvernement, mais il ne se gouverne pas lui-même; s'il prétendait le faire, il y aurait alors anarchie et désordre. La démocratie véritable est la souveraineté du peuple disposant librement des chefs qu'il charge de diriger son gouvernement. L'aristocratie est l'ensemble des citoyens qui l'emportent par leur savoir, par leur influence, par leur fortune, par des souvenirs de famille qui sont une garantie.

A toutes les époques, nous trouvons quatre sources de la noblesse : une source militaire, une source économique, une source religieuse, une source esthétique.

Aristote et même Jean-Jacques Rousseau ont vu dans l'aristocratie le gouvernement des meilleurs. Elle peut le mieux seconder le pouvoir exécutif, car elle est plus à même de juger les événements, elle est ensuite la plus intéressée à la prospérité et au salut du pays. C'est elle qui a le plus à perdre en cas de catastrophe. Dans la France féodale, l'aristocratie était militaire, à Venise elle était commerçante, en Angleterre elle est propriétaire du sol, en Hollande elle est industrielle... Les sauvages eux-mêmes ont l'aristocratie sauvage : celle des plus forts ; et aux mauvais jours de la Révolution française, le sans-culottisme était une aristocratie... de sauvages, puisqu'il se composait d'une faible fraction de la nation qui dominait et guillotinait la majorité.

On ne doit pas confondre la noblesse avec les titres nobiliaires. La noblesse, comme l'indique le mot lui-même, est la considération qui s'attache à une personne ou à une famille par un fait éclatant, par un service public. Etre « connu » personnellement dans un pays, c'est être noble; être anobli, c'est être mis par le chef de la nation à l'ordre du jour de la nation, si cette expression peut être permise. L'égalité révolutionnaire était, selon Napoléon Ier, « la mort des nations et la négation de la liberté ». La Convention fut elle-même obligée d'établir les armes d'honneur, source évidente d'inégalité dans l'armée, et Napoléon Ier créa la Légion d'honneur, véritable noblesse personnelle dans les vues de son fondateur.

Résumons-nous : Il n'y a pas de gouvernement complet sans une aristocatie. La noblesse ancienne, identifiée à l'aristocratie française, a vécu jusqu'en 1789; à cette époque, elle est tombée comme rouage politique, une nouvelle doit lui succéder sur des bases différentes. La démocratie inaugurée avec périodes de hausse et baisse depuis un siècle et quart ne peut plus vivre sans être complétée par une aristocratie.

Sur quelles bases peut s'élever une noblesse

au vingtième siècle pour être à la fois populaire et utile à la nation? Elle doit naturellement offrir à ceux qui l'ont mérité un attrait qui fasse désirer vivement d'y parvenir. Napoléon Ier s'écriait un jour : « Que ne suis-je mon petit-fils! » En effet, l'homme de génie seul arrive de lui-même et d'un seul bond à la tête de ses semblables. L'homme ordinaire, quelque distingué qu'il soit, doit le plus souvent toute sa valeur à l'éducation, aux progrès que chaque génération (il se produit parfois des reculs) apporte dans les familles comme dans les nations.

L'homme oublie facilement qu'il a une mission sur terre; qu'il ne fait partie de la société qu'à condition d'être pour celle-ci un membre utile; qu'il n'a une patrie qu'à la condition de la servir. Les extraordinaires scandales qui se déroulent depuis un demi-siècle aux Etats-Unis, dans le peuple le plus riche et le plus heureux du monde, prouvent la nécessité d'un patriciat pour refréner cette insatiable soif d'or et de débauche. Soit ploutocratie, soit démagogie, voilà les deux tendances de la France actuelle; pour aboutir, on laisse de côté les scrupules les plus élémentaires : on devrait donc accorder une prime à celui qui montera au sommet pour le bien de ses semblables.

Deux degrés.

En résumé, il doit exister une élite nationale qui pourrait comprendre deux degrés : 1° la noblesse personnelle ; 2° la noblesse héréditaire, qui peut être conférée dans une famille lorsque plusieurs générations, en se rendant dignes de la noblesse personnelle, ont donné des garanties au pays.

Le patriciat personnel sera la récompense accordée à l'individu. Le lecteur comprend que cette nouvelle élite, sans cesse recrutée dans le peuple, obligée de servir le pays pour conserver son titre, forme une aristocratie qui s'allie naturellement avec la démocratie telle que nous la comprenons. Et d'abord, le patriciat serait un droit. Toutes les décorations doivent être demandées par le postulant ; elles constituent donc une faveur. Aussi quelques savants, de nobles caractères comme Pasteur et Curie en France, Washington et Roosevelt en Amérique, refusèrent toutes les décorations qui sont chez nous « tombées dans la poussière par la quantité de gens de rien qui les portent » pour parler comme Saint-Simon. Ensuite, cette élite serait accessible à tous : il n'est pas un Français, quelles que soient son influence et son origine, qui ne puisse, s'il vit dans le mouvement social et s'il a une valeur réelle, parvenir à une fonction élevée et de là acquérir la noblesse personnelle.

La noblesse, ou mieux le patriciat personnel, — à un autre mode d'accession convient un autre mot, — serait conféré de droit à tous les Français compris dans les catégories suivantes : les présidents de la République, les ministres (après *x* ans de fonctions) ; beaucoup de députés ou sénateurs (après *x* ans de fonctions) ; des membres du Conseil d'État, des préfets et sous-préfets (après *x* ans de services) ; des maires de grandes villes (*x* ans de fonctions) ; des généraux, amiraux et capitaines de vaisseaux, des ambassadeurs ou consuls, tous les membres de l'Institut de France, des magistrats divers (*x* années de services) ; des membres de Chambres et de Tribunaux de commerce, de Sociétés d'agriculture (*x* années de services) ; des membres de l'Université, des diverses Facultés (*x* années de services) ; des fonctionnaires appartenant à chacun des autres ministères (x années de services), etc., etc., jusqu'à un total maximum de 2.500 personnes, auxquelles on ajouterait un autre maximum de 2.500 noms de membres de la Légion d'honneur (grands-croix, officiers), non titulaires de cette nouvelle dignité; des philantropes, artistes, industriels, etc. Soit un grand total de 5.000 noms composant en France le patriciat viager. En supposant comme patriciat héréditaire un nombre maximum de 10.000, l'armorial des notabilités françaises comprendrait 15.000 noms tout au plus.

Patriciat héréditaire.

Lorsque trois générations auraient, en ligne directe depuis le premier patricien, su mériter aussi, à un titre quelconque, la noblesse personnelle, cette dignité deviendrait héréditaire de mâle en mâle à dater de la troisième génération et par ordre de primogéniture. Le Conseil des patriciens fonctionnerait comme celui de la Légion d'honneur actuelle; il proposerait les inscriptions comme les radiations de tout membre non honorable, et pourrait ainsi connaître des radiations dans toutes décorations françaises puisqu'il deviendrait dans l'opinion publique le tribunal suprême de l'honneur et de la moralité.

Le patriciat héréditaire se perdrait aussi après un siècle (3 générations) de non-illustrations dans la famille du titulaire.

Leurs décorations.

Maintenant, quel serait le signe distinctif de cette élite ? Ce signe doit être exclusivement honorifique, mais il comprendrait certaines prérogatives de préséance dans les cérémonies publiques. Nous le plaçons donc dans le nom lui-même. La particule n'ayant aucune raison d'être, puisqu'elle ne peut plus indiquer l'origine (ex : Durand, de rue Rivoli, Paris), l'on permettrait au troisième membre d'une famille acquérant une noblesse héréditaire, comme à tout membre possédant la noblesse personnelle, de faire précéder dans tous les actes officiels son nom de famille d'un prénom à son choix qui se trouverait donc faire partie de ce dernier ; ex : J. Godefroy-Cavaignac, P. Sadi-Carnot, L. Melchior-Devogüé, etc., usage déjà répandu en France. Si l'on craignait de voir les noms trop s'allonger ainsi, on pourrait tout au moins les faire suivre, dans toutes les signatures, des deux lettres P. F., qui signifieraient « patricien français ». Il reste encore un signe distinctif sur lequel nous insistons. Nous voulons parler d'un blason renfermant un attribut pris à chaque fonction, plus un signe particulier au premier patricien. L'attribut fut toujours la symbolique d'un écu dans le blason. Dans les beaux-arts, il est une sorte d'enseigne; ex : écrivain, une pile de livres; peintre, une palette et des pinceaux; militaire, un trophée d'armes; magistrat, une main de justice ; agronome, une charrue, des épis de blé; député, une écharpe...

Nous supposons créés de quarante à cinquante attributs officiels, et voici l'exemple qui se produira :

Un citoyen se sera élevé aux fonctions de premier-président de cour, il aura un fils colonel et un petit-fils maire de grande ville; supposons que tous trois aient, par leurs services, mérité la noblesse personnelle.

Le premier aurait pour blason, ex : 1° une main de justice; 2° plus un signe personnel.

Le second aurait les deux mêmes signes que

son père, et 3° l'attribut de l'armée, soit un glaive.

Le troisième, résumant les droits de ses aïeux à la reconnaissance nationale, aurait sur son écu, en outre des trois premiers signes, 4° l'attribut des maires, que nous supposons être une canne.

L'Annuaire du patriciat pourrait comprendre deux parties :

1° Le patriciat viager;

2° Le patriciat héréditaire.

Il pourrait être rédigé de la manière suivante, que nous donnons comme exemple :

Première partie. — FALLIÈRES (Armand), grand'croix de la Légion d'honneur, président de la République française, et Mme née Jeanne Bresson, palais de l'Élysée et domaine de Loupillon (Lot-et-Garonne). Né à Mézins (Lot-et-Garonne en 1841, avocat de talent et homme politique, élu député pour la première fois en 1876 et réélu depuis jusqu'en 1890, où il fut élu sénateur, et réélu jusqu'en 1906, où il devint président de la République comme successeur d'Émile Loubet. Plusieurs fois ministre et une fois président du Conseil, il était depuis

1899 président du Sénat en remplacement de Loubet.

Deuxième partie. — MAC-MAHON, chef de bataillon d'infanterie, et Mme née Marguerite d'Orléans, 70, rue de Bellechasse (Paris), et château de La Forest-Monteresson (Loiret); patriciat héréditaire.

Ancienne famille irlandaise, pairs d'Irlande, dont une branche se réfugia en Bourgogne à la chute des Stuarts.

Jean-Baptiste, agrégé au Collège de médecine d'Autun, devint premier médecin de l'École militaire à Paris en 1760, et mourut en 1786.

Maurice-François, dit le Comte DE MAC-MAHON, né à Autun en 1754, mort à Sully en 1831, maréchal de camp en 1814, lieutenant général en 1827; eut dix-neuf enfants, dont le dernier suit. Son frère, Charles-Laure, maréchal de camp en 1791, fut pair de France en 1827.

Marie-Maurice duc DE MAGENTA (1859), maréchal de France, sénateur en 1856, gouverneur de l'Algérie (1864 à 1870), grand-maître de la Légion d'honneur, président de la République française (1873-1879), naquit au château de

Sully (Saône-et-Loire) en 1808, et mourut au château de La Forest (Loiret) en 1893.

Le patriciat héréditaire est conféré à sa famille, les trois degrés de noblesse personnelle y existant de père en fils.

Voici par curiosité l'exemple d'une charge actuellement transmise de père en fils et légitimement occupée cependant :

César-Antoine Becquerel, pour lequel on créa une chaire de philosophie appliquée à l'histoire naturelle au Muséum de Paris en 1838, eut comme successeur son fils Alexandre en 1876. Son petit-fils Henri fut en 1872 professeur à l'École polytechnique, et succéda en 1892 à son père au Muséum.

Enfin M. Jean Becquerel, arrière-petit-fils du premier, prit en 1909, à la mort de son père, sa chaire au Muséum.

Cette noble famille de professeurs a-t-elle jamais constitué un danger pour la démocratie ?

CONCLUSION

Ce n'est pas au moyen de déclamations vaines d'orateurs sur la liberté, la fraternité, la justice, les droits des citoyens qu'on apprendra aux foules que l'homme ne peut compter que sur sa persévérance, son instruction et son travail pour vivre et maintenir son rang, et qu'on lui donnera les moyens nécessaires pour y parvenir. Les guerres qui se succèdent sans relâche depuis le jour où les premiers hommes connurent leurs premiers frères, les éternels triomphes de la force, et les innombrables leçons du passé portent un enseignement au sujet duquel toute illusion serait dangereuse. Aux banales théories des rhéteurs, la science moderne a substitué des lois précises que nul ne doit ignorer. Corroborant les terribles leçons de l'histoire, elle nous montre, à tous les degrés de l'échelle vivante dans le perpétuel combat pour l'existence, les faibles toujours détruits au profit des forts, et, dans cette destruction fatale, la condition même du perfectionnement et du progrès. Une race animale inférieure à une race voisine, un peuple inférieur à un autre, sont inévitablement destinés à périr. Plus heureux que l'animal qui est impuissant à modifier les conditions de son existence, l'homme peut s'améliorer sans cesse; mais, sous peine d'être obligé de céder bientôt la place à d'autres plus parfaits, il est condamné à s'améliorer toujours. Or, quel stimulant incomparable de la vertu et de la science, en un mot de l'amélioration parfaite, pourrait-il égaler une aristocratie nationale? Pour le posséder, il suffit de rejeter le faux manteau de déclamations humanitaires dans lequel les démagogues comme les ploutocrates essaient de renfermer les aspirations de la nation française.

La lutte entre les défenseurs du principe égalitaire, qui n'admettent que le mérite personnel, et les partisans d'une distinction héréditaire, sera de tous les siècles. L'opinion, ce souverain juge, admettra toujours le passé quand il est régulier et incontestable ; elle admettra certainement la légitimité de l'héritage et ne contestera pas que l'éclat des ancêtres ne s'étende sur les noms qu'ils transmettent. Mais le nom restera seul grand, et l'on peut affirmer que si les noms acquis donnent les titres (académiques, littéraires, militaires) et les décorations, les noms transmis en sont couverts. Ainsi la traduction charmante de cette vérité dans ces vers de Charles IX à Ronsard :

Tous deux également nous portons des couronnes;
Mais roi, je la reçois; poète, tu la donnes...

aura toujours et partout son écho; aussi est-ce par elle que nous terminons notre livre.

FIN

TABLE DES MATIÈRES

Pages.

AVANT-PROPOS 7

PREMIÈRE PARTIE.

Histoire sociale de la noblesse française.

CHAPITRE PREMIER. — *De son origine à la Révolution* 11

Proverbes. — Des Gaulois au Moyen-âge. — Sur la féodalité. — De ses classes. — Du Moyen-âge à la Révolution. — Les noms et fiefs. — Des légendes. — De l'émigration. — Des confiscations. — La noblesse au dix-neuvième siècle .... 11 à 43

CHAPITRE II. — *Armoiries, titres et décorations.* 44

Des blasons. — Les armoiries. — Des titres. — Les chevaliers. — Les couronnes. — Du droit au titre : baron, comte, vicomte, marquis, duc, pair, chancelier. — Décorations françaises : ordres du Saint-Esprit, Saint-Louis, Saint-Michel, Saint-George, Saint-Jean-de-Jérusalem, Légion d'honneur, médaille militaire, palmes académiques .... 44 à 64

Chapitre III. — *Anoblissement, preuves, dénombrement de la noblesse*............. 65

Anoblissement. — Noblesse civile. — De la particule. — Des preuves de noblesse : armorial général de la France, cahiers de bailliage établis en 1789. — Des nobiliaires. — Dénombrement de la noblesse. — Usurpation de la noblesse. — La substitution. — Usines héraldiques.................... 65 à 82

Chapitre IV. — *Raisons et conséquences de la Révolution*.................... 83

L'armée nationale. — Les guerres étrangères. — Raisons économiques de la Révolution. — Conséquences de la Révolution. — Une subversion pendante. — Du salariat ou servage actuel........................ 85 à 102

DEUXIÈME PARTIE.

L'aristocratie à travers le monde.

Chapitre premier. — *Ses avantages et défauts principaux*..................... 103

Proverbes. — Sa formation. — Leurs traditions. — Ses défauts. — De l'oligarchie. — Comment elle doit vivre................ 103 à 119

Chapitre II. — *Chez les peuples anciens*....... 120

Chine. — Inde. — La Cité antique. — De l'esclavage au servage. — Grèce. — Rome. — Turquie. — Venise. — Suisse......... 120 à 137

Chapitre III. — *Parmi les peuples actuels*...... 138

Allemagne. — Angleterre. — Autriche. — Hongrie. — Belgique. — Brésil. — Chine. — Espagne. — Etats-Unis. — France. — Grèce. Hollande. — Italie. — Japon. — Mexique. — Portugal. — Russie. — Suède. — Les familles princières et ducales d'Europe.. 138 à 166

TROISIÈME PARTIE.

L'élite devant la science et la politique.

CHAPITRE PREMIER. — *Utopie de l'égalité logique d'une élite*.......................... 167

De l'hérédité. — Chez les anciens. — Aujourd'hui. — Au point de vue médical. — Ascension normale. — Notre colonisation. — De la démagogie. — Diminution de la puissance relative de la France. — Egoïsme national........................... 167 à 193

CHAPITRE II. — *Discussion scientifique*......... 194

Les sélections sociales et la démocratie devant la science. — De la bourgeoisie. — Avenir de la société. — Vraies fonctions de l'Etat. — Les classes du travail. — Révolution fiscale. — Du socialisme d'Etat. — Révolution fiscale. — Du collectivisme. — Motif de sa vogue. — Erreur du collectivisme. — Son avenir. 194 à 225

CHAPITRE III. — *Ébauche d'une élite nationale*. 226

Aristocratie démocratique. — Deux degrés : patriciat personnel; patriciat héréditaire. — Leurs décorations.................. 226 à 238

CONCLUSION.................................. 239

Toulouse, Typ. ÉDOUARD PRIVAT, rue des Arts, 14. — 8161